生活勵志
018

心田甘露

成長中的62個階梯

挫折、難題都是成長中的階梯，
每躍昇一階，
便能將點滴磨難昇華為生命甘露，
滋養心田、茁壯心靈。

排行榜暢銷書作家 **何權峰** 著

Sweet Dew of Growth

高寶國際有限公司
高寶國際集團

生活勵志 018

心田甘露

作　　者　何權峰
編　　輯　溫苡廷
出 版 者　英屬維京群島商高寶國際有限公司台灣分公司
Global Group Holdings, Ltd.
聯絡地址　台北市內湖區新明路174巷15號10樓
網　　址　www.sitak.com.tw
E-mail　readers@sitak.com.tw（讀者服務部）
pr@sitak.com.tw （公關諮詢部）
電　　話　(02) 27911197 27918621
電　　傳　出版部 (02) 27955824 行銷部 （02）27955825

郵政劃撥　19394552
戶　　名　英屬維京群島商高寶國際有限公司台灣分公司
出版日期　2004年10月出版
發　　行　希代書版集團發行

香港總經銷　全力圖書有限公司
地　　址　香港新界葵涌打磚坪街58-76號和豐工業中心1樓8室
電　　話　（852）2494-7282 傳真 （852）2494-7609

Printed in Taiwan
ISBN:986-7799-85-2

達觀是可以超越現實
存在的心境

馬英九

（推薦序）

用心去保持人的靈性

社會學家勃魯（Peter Blau）曾說：「這是一個偉大科學與工程師的時代，而不是偉大哲學家與先知的時代」，真是一點也不假。

現代人所考慮的只是如何生活，怎樣往前跑，很少有時間坐下來靜思與反省，滿腦子裝的都是「成功的祕訣」，但卻忘了我們為什麼要追求成功？「追求」本身已變成了一種目的。

另一方面，基於現代技能的專業化，每個人只能像在一部大機器裡扮演一個小螺絲釘的角色，但由於其生活模式的千篇一律，個人的特性已在不知不覺中為之淹沒，個人的獨立與自主精神已在自覺或不自覺中衰退。

身為現代人，既不能像鴕鳥一樣地把頭埋在沙子裡，也不可能隱居到陶淵明所想像的南村去，而是要勇敢地、清明地繼續生活，並追求自我、保有自我、保持人的靈性。

人人本來具有一顆清靈、自在、喜樂的心，然而身處多元資訊化的社會中，人們如何在工作、家庭、人際關係、自我成長等方面，尋求安心所在？換個角度說，如何在身處物慾橫流的社會中，為已被蒙塵的心，尋求回歸最初的本心？

要回答上面問題之前，吾人必須先認清，人類生活中所遇到的問題到底是什麼？

約略的說，大概可分為三類，第一類是人對於物的問題，此問題之性質為我們人類所可以掌握和滿足者；第二類是人對於人的問題，此問題之性質為得到滿足與否，不由我一方所決定者；第三類是人對於自己的問題，此問題之性質為絕對不能滿足者。

吾人面對第一類問題的態度是兩眼常向前看，從客觀環境下手改造以解決問題；面對第二類問題的態度是兩眼常轉回來看自家這裡，「反求諸己」、「盡其在我」，調和融洽我與對方之間，或以變換主觀自適於這境地為問題之解決；面對第三類問題的態度是以根本不生要求為最上之滿足。雖然吾人之感觸問題，採取態度，各不必相當，但解決了困難障礙，就獲得了某種自由、自在。

欣聞何教授以其深厚的學理基礎，用心的生活體驗，透過生花妙筆，能以短篇小品文寫出平實而饒富哲理的人生智慧，平凡平淡中確能咀嚼出人生的甘甜與清涼。

值得一提的是，本書透過一則則的寓言故事，表達了如何解決吾人生活中所面對的三類問題和提供吾人面對問題時所採取的態度；本書更間接的在追求人的靈性這個課題上有了較具體的模式可供吾人參考。所以當此書即將付梓之際，請我為之作序，我欣然應允。

現代人的精神生活是艱辛的，因為生活環境、社會結構和文化型態都在劇烈變動，如果沒有清醒的心智，就很容易迷失；缺乏自在主動的生活態度，就活不出自我。或許您已把心塵封很久，那麼趁著閱讀此書之際，再把心找回來吧！

二〇〇〇年三月三日　於國立成功大學

吳京

・學歷：美國愛荷華大學流體力學博士

・經歷：美國德萊威大學勃朗講座教授

國立成功大學校長

中華民國教育部部長

・現任：中央研究院院士

國立成功大學水利及海洋工程學系教授

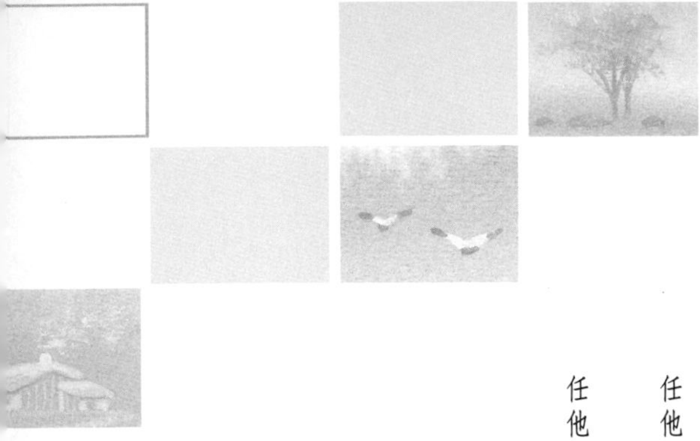

任他雪山萬丈高，太陽一出化江水。
任他愚癡煩惱長，心田一開化甘露。

——何權峰

〈作者序〉

苦痛是生命的成年禮

人活在地球上，常會驚覺年壽有限，時日匆匆。

發現賞心樂事太少，而苦痛磨難卻不斷；發現擁有不易，失去又無法挽回；發現人生無常，而煩惱困惑卻又如此深長。一個問題才解決了，又出現另一個問題！

因此，你不禁要問：「人活著是為了什麼？」

是的，人活著是為了什麼？是為了來承受苦痛，還是為了享受人生？

耶穌的使徒巴塞洛繆（Bartholomow）說得好

> 許多人一生都在「無法承受痛苦」的錯誤想法中度過，

然而，你已經承受了痛苦，

尚未做的，

只是去感受痛苦以外的其他感受。

試想，如果不是走過逆境，你又怎麼會知道無波無擾的日子其實得之不易。如果沒有困惑，你又怎能體會轉念成智的妙法？如果沒有煩惱，你又怎能感悟放下而生的豁然自在？若沒有夕陽的蒼茫，哪顯得朝陽的絢爛活潑；沒有歲暮的嚴寒，哪能烘托初春的明媚暖意？

人生的一切際遇無非是為了幫助我們靈性的成長。你的遭遇，即是豐富人生的素材；你的處境，更是獲得解脫和智慧的踏腳石。

在古代文化裡，年輕的男女要透過一種成年禮，當做進入成年世界的儀式。這些儀式牽涉到許多困難，甚至痛苦，象徵著生命進入更高層次的體悟與覺醒。

我喜歡把苦痛比喻為生命的成年禮，把人生所有遭遇的難題都當成是成長的階梯。每經歷一次磨難，就爬上一樓。一樓有一樓的問題，而後登上二樓、三樓，每登上一個樓層，就必須經過一段不愉快的洗禮，才能得到成長和提升。

反之，逃避問題，也就喪失了能幫助我們經由黑暗走向光明，經由傷害走向覺醒，經由苦痛走向躍昇的機會。

這就好像爬山一樣，當你在山底下時，你的視野被許多雜物和陰影所遮蔽，而後你在山徑上更往上一層爬去，視野就愈開闊，也愈清楚，直到爬到山頂往下望去，整個世界也為之開放。（我想這也就是許多道院、寺廟喜歡蓋在山頂的原因吧！）

你將發現，這一路走來，你所經歷的一切苦難的顛簸，以及仇恨、絕望、憤怒的荊棘，還有長滿憂愁的雜草和恐懼的大樹，竟都昇華成了甘露，滋養你的心田，使你更成長、茁壯。

很喜歡佛家的一首偈——

心田不長無明草
覺苑常開自由花

這首偈雖只有上下兩聯，卻蘊意深遠。大意是說，我們的心田如果不長愚癡的雜草，覺悟的花園裡，便能常開自由的花朵。

人活著，不是期待人生完全沒有悲苦，而要期待自己能有所體悟，去超越悲苦。

一旦能從遭遇中去成長感悟，悲苦就不再是悲苦了。只有陷溺其中，反覆同樣的悲苦，或沉迷於短暫的歡樂，以至於終身醒悟不到悲苦之何以悲苦，那麼悲苦就真的是悲苦了。

這本書，不是教大家轉貧為富，或化無為有，而是提醒讀者，在面對厄運時如何超脫，陷入困局時如何自處。

我希望讀者在閱讀時，能細讀融會，思考推敲，尤其在你面臨人生的關卡，身處困境之時；相信這些短篇小品，就像心田甘露，定能為你帶來滋養和啟發。

願你「每一個接觸都有成全」。

CONTENT

chapter 2 生·命·之·悲

CONTENT

Sweet Dew of Growth

chapter 4 躍・昇・之・樂

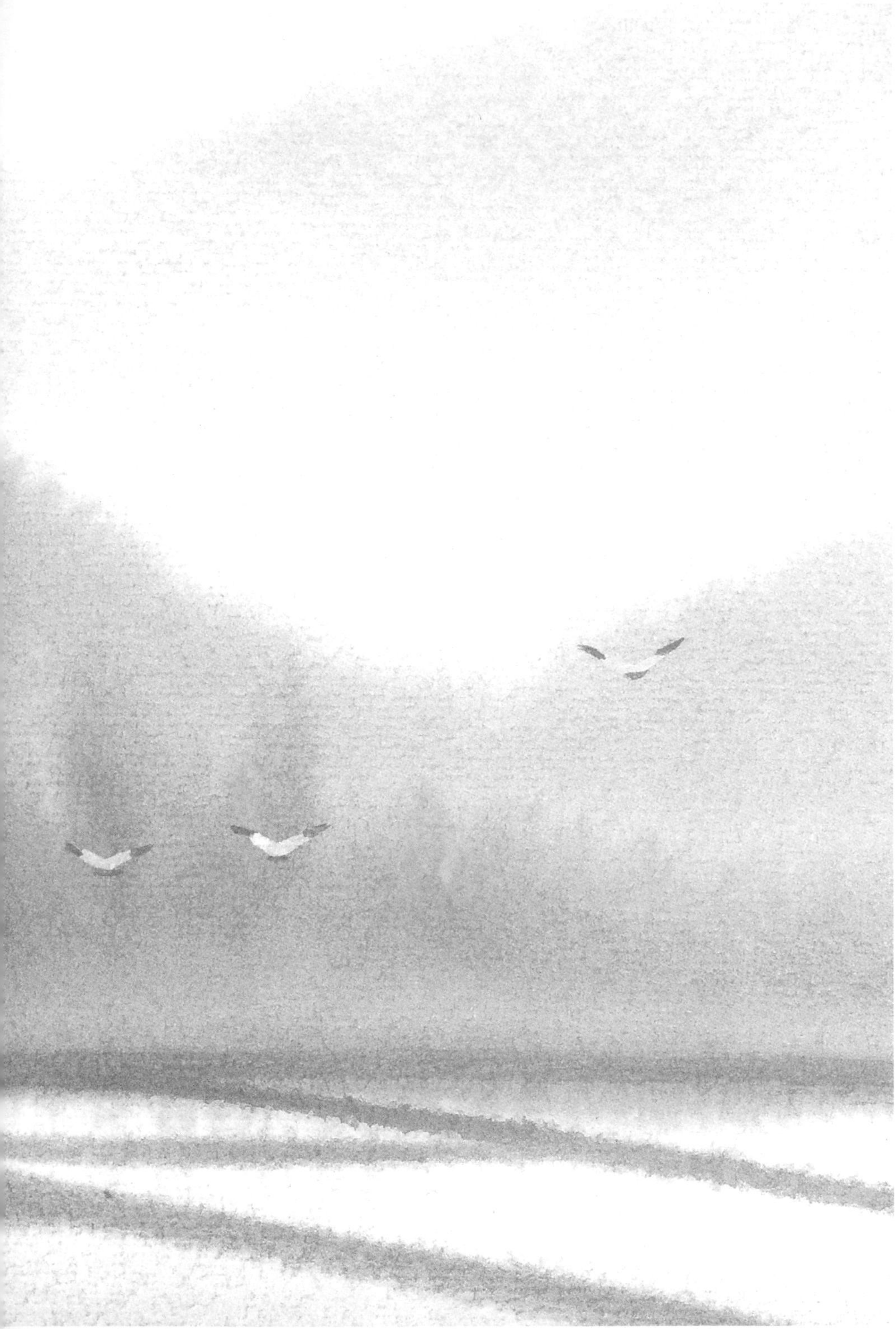

chapter 1

心靈之苦

逆境，是學習智慧之階，人生的悲劇，

就像載著性靈上升的直達電梯，

讓人成長最快也最多。

每上升一層，性靈之智慧便成長一級。

問題都是上天恩賜

我花了相當長的一段時間，才慢慢體悟出這句話的哲理，也因此受益無窮。所以我希望大家能和我一樣有耐心，慢慢探究其中的深意。當你得到答案，就等於是掌握了心靈得救之鑰。

生命中所有事件的發生，不論當時多麼痛苦、悲慘，都只有一個目的，那就是賜予你智慧、力量與覺醒。

懂得視逆境為上天的恩賜，實在並非易事。一開始你無法接受發生在自己身上的事，你會充滿著疑惑，仰問蒼天：「為什麼選上我，老天？」你覺得自己身陷悲慘的世界裡。「太痛苦了！」你的靈魂在吶喊著：「請饒了我吧！」這都是自然不過的反應。

然而，當你改變了新的觀點，你說：「好吧，我接受這種安排。我相信上天自有祂的美意，這段經歷是為了學習，而且未來一定派得上用場。」等你熬過逆境，另一頭等著你的正是新的力量與智慧。

在人生的旅途上，我們總會面臨一些困頓、傷痛、疾病、艱難等的折磨。似乎，無上智慧的造物主就是要強韌我們每一個人。

這讓我想起了一位冥想大師的話：「疾風吹嫩枝，用意不在傷害新幼苗，而是要它們學會把根牢牢地扎在土裡。」

將失望（**Disappointment**）這個字的第一個字母「D」拿掉，換上「H」。這麼一來，失望就變成了上帝的指示（**His appointment**）。

一旦我們將生命中的每件事都看做是「上天的恩賜」，能夠把苦難當作「可貴的經驗」，就等於悟得了「見山是山，見水是水」的禪機，從此了無窒礙，真正享受生命給我們的一切。

心田甘露

有時生命的根基動搖，我們轉向上帝，這才發現，原來是上帝在搖它。

——無名氏

隨時保持空的狀態

日本明治時代有一位大學教授去拜訪南隱禪師，說是來請教禪的道理。

南隱以茶水招待。當茶水已經滿杯時，他還繼續倒。

教授看著茶水不斷溢出杯外，忍不住說：「師父，已經滿出來不要再倒了！」

「你就像這只杯子一樣，」南隱笑著說道：「裡面裝滿了你自己的看法和想法。如果不先把自己的杯子清空，教我如何對你說禪？」

南隱的話的確耐人尋味。

大部分的人，心中總是存著自己的成見，因此很難聽到別人的真言，即便是真正在聽，我們也會被先入為主的觀念所干擾，直到話題結束，我們所聽到的並不是別人說的話，而是我們打算聽到的話。

我們經常會發現，人們回答問題和所提解決問題的方法，都是先前我們已經告訴他們的那些。

「沒有人比不願聽的人更聾。」（None so deaf as those who won't hear.）你的心是滿的，又怎麼裝得下別的東西呢？

有個孩子問大師一個問題，在大師未回答之前，他又急著問另一個問題。因此，大師說：「如果你緊抓著問題不放，你又如何能接收答案呢？」把問題交出來，那麼你就會發現自己已身在答案之中。

正如農田要經過休耕才會肥沃。學習，首先要學會的就是，必需先將你杯中之物倒光。

蘇東坡的詩句說得好：「無一物中無盡藏，有花有月有樓台。」正因為「空無」，所以具有「無限的可能」。不是嗎？

顯。

我們的心如能保持「空」的狀態，則無物不容，無物不納，因緣觸發，禪機自

心田甘露

禪就是「空」，就像杯子，空時，任何液體均可容納；滿時，再也容不下一滴水。

創造自己的相對論

看看下面的對話：

「喂，你是不是到過二十年後的世界？那邊的每一個人都很快樂嗎？」

「並不見得。」

「聽說那裡的生活水準比這裡高，為什麼還會不快樂呢？」

「大家的生活水準雖提高了，但並不覺得比別人的日子過得好，還不是跟我們現在的情況一樣。」

不知你有沒有發現，人們對快樂和痛苦的感覺似乎就是這樣；它不是一個絕對的感覺，而是一個「相對」的比較。

當我們發現別人比我們還好時，我們的快樂好像就少了一些；反之，當我們發現別人比我們還慘時，我們的痛苦似乎也就減輕了許多。

例如：地震後，當我們知道災區死傷慘重，看到一幕幕如煉獄的景象，即使你也有所損失，但相較之下，是不是一切都顯得微不足道？這一次的停水、停電，是不是少有人抱怨？

德國大文豪歌德就曾明確地說：「當一個人發現有人與他一般痛苦，而痛苦甚於他時，他的痛苦就會變得容易忍受；因為痛苦之不易忍受，乃是帶有主觀誇大的色彩之故。」

人生中所有的苦樂都是相對而非絕對的。因此，在遇到不盡如人意的時刻，你不妨也對種種不快，創造個屬於自己的「相對論」。以下是我所聽過的一些技巧：

某位太太：「我曾擔任醫院的義工，每當心情低落，我就會到醫院幫忙，看到一些口中插管、昏迷不醒的人，我總提醒自己，這點挫折算什麼？」

某位經理：「我曾經商失敗，所以當我因公事愁眉不展，我便告訴自己：『和以前的遭遇相比，現在也不算太壞嘛！』」

某位骨折病人：「我在病床貼了一張便條紙，每天唸它一回。便條紙上寫著：『畢竟，我不是在這裡動腦部手術。』」

沒錯，處逆境時若能比較於更差情況，則心境自可舒坦，這就是我所謂的「相對論」。

試想，一個老是為小腹太凸而煩惱的人，當他知道他大腦長了一個瘤，他還會再為小腹太凸而煩惱嗎？

心田甘露

如果你經常為小事煩惱，要記住，那是因為你沒什麼大煩惱；
如果你還有空閒去煩惱，要記，那並不是什麼大煩惱；
如果你真的有煩惱，要記住，別把時間和精力浪費在煩惱。

一直到你學會為止

有時候生命會像脫韁的野馬般失去控制，剛解決一個問題又出現下一個問題，因而你不免要懷疑：「是不是老天跟我過不去？」

許多人把生活的考驗當做神的審判，是上天的懲處。我卻要說，上天從不處罰我們，只是給我們機會學習。

考驗是無知的一部分。誰會受到考驗呢？只有那些還不知道的人。所有我們將經歷的困難和挑戰，都是上天為我們最欠缺的能力所刻意安排的訓練。

例如，一位婚姻關係很差的人，他（她）就必須承受相同問題的折磨。他結婚、離婚，又再婚，如果不離婚，就覺得更痛苦，結果又重複一遍過去的苦難。除非他能從中學會該學的教訓——學會自愛、自尊、自律、自我接納、珍惜自己或珍愛他人，否則悲劇將一再重演。

回顧生命中曾遭遇到的任何困難，分析一下該困難是屬於情緒、健康或人際關係上的？你能不能從中找到模式？

我們的身體就像一部洗衣機，心靈是水、是洗潔劑，而所有的問題就像衣服、襪子。衣物進入洗衣機是為了純淨而清洗，就正如問題的發生造是為學習而創造，如果你用的是污水，當然衣服會愈洗愈髒，你將不斷重複地將衣服丟入洗衣機清洗，直到乾淨為止。

問題的解決也是一樣，教訓會一直重複出現，直到你學會為止。

那不容易，卻又很容易。這就好像騎腳踏車，你不斷地跌下來，直到知道怎麼騎為止，便再也不會跌下來。

心田甘露

任何你沒學會的功課，都會以不同的面貌不斷地出現在你生命中，直到你學會這門功課為止。

事情發生皆非偶然

你相不相信，這世界根本沒有所謂的意外事件，即使有也比我們想像的少得多，大部分事情的發生都已有安排，並且有它的目的。

例如，有些孩子出生之後不久就夭折了。他們的死亡，在出生之前就安排好了。他們不需要長時間的歷練成長，他們的出生與死亡，是來幫助父母成長的。

曾聽過聖嚴法師說過一則小故事。

有個女皈依弟子，未學佛前，夫妻不合，生活靡爛，直到生了個殘障的兒子，夫妻兩人開始接觸佛法，整個家庭都完全改善。她說：「我很感謝這孩子！因為他的降臨，我們的性格都改變了。我想這孩子是菩薩所化身。」

上天讓一個人誕生，一定有祂的道理；上天讓一件事情發生，也一定有祂獨特的啟示。

沒有任何一個人的誕生是多餘，也沒有任何一件事情的發生是偶然。甚至像離婚、生病、車禍、突遭解雇等事件的發生都有它的目的。

在世間，上天會以各形各色的面貌出現，可能是一次失戀，也可能是一場騙局，或有時以暴徒、愛人、陌生人等身分來示現。每個人都有不同的境遇，都有屬於自己的路要走，正因為沒有前例可循，所以發生的每件事都讓人驚訝而懷疑。

有生以來，我曾一次又一次體會到「沒有一件事情的發生是偶然」，從一心想當畫家到當醫師；從拿美術刀到拿手術刀；從不想唸書到大學教書，進而出書立作。一路走來，我深深體悟冥冥中自有安排。

就像叔本華說的，當你回顧一生時，它看似規劃好的劇情，但當你身歷其境時，卻是一團亂，只是一個接著一個而來的意外。事後你再回顧它時，卻是完美的。

「沒有一件事情的發生是偶然」，現在你正在看這本書，冥冥中必有其道理，或許你正面臨人生的某個階段，而本書中必有玄機等著你去參透。

心田甘露

小說的整個內容一開始就存在，整個情節早就安排好了，可是讀者需要時間去閱讀，才知道故事的內容。

人來到人世何嘗不是這樣，整個故事早就安排好了，但我們卻必須一次又一次的經歷，才能有所領悟。

愈想避免 愈難避免

有人嫌自己的脖子粗短，於是刻意繫一條小領巾或穿高領衫遮蓋；也有人覺得自己的嘴巴太大或嘴唇太厚，因此在擦口紅時刻意將嘴巴畫小；身材不夠修長，就穿超高的高跟鞋；腿太粗，就套上黑色的絲襪。

想想看，這些打扮真的就能「遮醜」嗎，還是在愈描愈黑的情況下反而欲蓋彌彰？

一位禿頭的先生，若是想借重僅有的幾根頭髮，去掩飾他光禿的頭頂，人們就愈會感受到他的不安，反而更去注意他的不毛之地。

一位微胖的女士，如果穿著黑帳篷似的衣服，嘴巴不停地說要節食，那麼別人除了注意她的胖之外，還能看到什麼呢？

你愈忌諱別人注意到你身上的某個「缺點」，那缺點就會愈突顯；同樣的，你愈是不想面對某事，心思就愈會在上面盤桓。

例如你是否注意到，當你愈在意自己的體重，且決定要開始節食，你就會覺得更容易餓？

你害怕別人拒絕你，又怕自己會成為孤家寡人，所以你盡量避免對任何人付出太多感情。結果，你還是孤家寡人一個。

你壓抑自己的情緒，盡量控制自己不要發脾氣。結果積壓太多，反而一發不可收拾。

當你遭受到某種壓力時，身體就會惡化。你愈是不想去解決你的壓力來源，身體就愈差，身體愈糟，承受的壓力也就愈大。

不論你想避免的是什麼，「你愈是想避免的，就愈避免不了」。這是不變的法則。

你可以拿自己做實驗。從現在開始不要去想猴子，怎麼樣？你的心裡是否浮現猴子的圖樣或相關念頭？大部分人都是這樣，當你告訴自己「別再想某人、某事或某物」，不想的念頭不但沒有消失，反而控制了你的思緒。你愈避免想到猴子，猴子愈是在你的腦子裡跳來跳去。

瞭解了這層道理，我們應該學著以更開放的心，去包容、釋放，及接納所有你想逃避的一切。

心田甘露

刻意強求就像在流沙中掙扎，想要脫身反而愈陷愈深。

從這件事學到什麼

在生命中我們都會面臨一些挑戰。每個人都一樣。沒有人終其一生而不遭逢困境的，否則，我們又何須到這所人稱地球的特殊學校，來走上這麼一遭？

有些人也許會有健康的問題，另一些人可能有情感的問題、事業的問題，或是財務上的問題。還有些人則是每種都會經歷。所有人生無論是甘是苦，是歡笑或是淚水，一切都是為了學習。

既然人生是來學習的，那麼碰到順境或逆境應該先自問，我學到了什麼？而不是問世間的得失，也不是計較運氣的好壞。問問自己，內心到底起了什麼變化？是智慧的還是愚昧的反應？自己的靈性是提升了？還是下降了？

真正的學習來自於嘗試錯誤，我們從過去所犯的錯誤中，學得教訓，因而說，經驗是智慧之母（Experience is the mother of wisdom.）。所有的事件都是經驗，都可能是有益的。

只要抱著學習的態度來看，犯錯了，又何必太自責呢？下次做對就好。所以沮喪根本是不該存在的情緒，為什麼要沮喪？

我們要原諒自己，感謝各種學習的機會。把今天的錯誤，當成明天的導師。

沒錯，有時候事情的確不如人意，但我總會自問：「我能從這件事學到什麼？」這個智慧幫助我度過人生中許多困境和不平，讓我領悟到，這些改變通常都能讓我更好。

想想，如果你從每天、每個事件都能學到一個新想法，用它來幫你放下過去，創造生命中的和諧，那該有多棒？

心田甘露

我建議大家在遇到挫折時寫下「我學到……」的語句。等事件結束後，要求自己以「我學到……」的敘述來記錄自己所學。

人生是來學習修業

知道生命永恆以後，我們不禁要問，生命一直延續下去，到底有什麼意義？難道是毫無目的嗎？

其實，每個人來到世間都有他的意義，但目的卻不同。

我相信我們都曾到過這世上已經很多次，為的是要學習不同的功課。

地球提供我們一個學校，而日常生活即是訓練的場所。有些人會碰到一些課程是別人不必學習的，然而當別人為了一些課程掙扎多年時，你可能也不需要面對那些問題。

某個廣播節目中，有一位主持人說了一句話，令人印象非常深刻。她說：「一個人三十歲以前看學歷；五十歲以前看經歷；五十歲以後就要看病歷了。」

事實上，從嬰兒到少年，少年到成年，以至老年，我們遭遇的每一個歷程，無非是幫助我們學習，而最能幫助我們學習的就是死亡。

上了年紀的人，都有一個共同的特性，常會述說年輕時候的種種經歷，而且一再重複。

從生命的學習觀來看，每個老人這樣的行為轉變，正是將生前學習到的經歷全數下載帶走。所以，佛教經典所說的臨終現象，人在彌留時，自己一生所有的經歷，都會在眼前重演一遍，大概就是這個道理。

轉世論相信，肉體雖死，但靈魂為了延續修業，以便晉升到另一個更高的生命層次，便會藉另一副肉身，在另一個時間地點再次降生，再來學習歷練，學習那些還沒學會的功課。

當你不再怨天尤人，你學會了一課；當你突破困境，你學會了另一課。

因此，如果你老覺得諸事不順，表示你上輩子有許多功課都「不及格」，這輩子須重新學習這些課。

如果你還是學不會，那麼下一次或下輩子還是會再重複相同的學習。

心田甘露

人，來到世界上，是為著學習新事物，並藉著學習新事物，來提升自己的靈性境界。

你是問題 也是答案

在你的生活中，有哪些問題會重複地困擾你？健康、金錢、自卑、舊情人、煩雜的工作、討厭的上司、不負責任的先生、教養子女的問題……

各式各樣的問題使我們沮喪、悲哀、懊惱、焦慮、痛心、無助、憤怒甚至絕望。這些都是令人不舒服的感覺，有時比肉體的痛苦更難以承受。

的確，每個人都有麻煩，我也不例外。但是，你有沒有想過，有些問題為什麼老是咬著你不放，就像陽光下的影子，怎麼揮都揮不去？

有位生活一直不怎麼順遂的先生發現，他在面對問題時，總是先入為主，以致無法從客觀的立場去看問題。另一位太太的外表比實際年齡蒼老許多，在她認真注意自己的想法後發現，原來她的想法幾乎都是懦弱、消極和負面。

「沒錯，我們自己，既是問題，也是答案。」

我有個朋友最近感情不太如意，他非常懊惱地說：「真的好累！我已經盡力了，為什麼會這樣？」

許多問題之所以無法解決，都是因為我們全神貫注問題本身，而不是解決方法。就像這位朋友，他抱怨：「為什麼家人不能瞭解他？」、「為什麼女友無法諒解他？」他忽略了也許自己才是答案。

他沒想到問題是否在他疏於溝通，態度消極，或是雙方價值觀不同……等問題。他不斷地去解決「人」的問題，希望家人能配合、期望女友能改變。就這樣重複地在問題本身打轉，結果呢？人是「解決」了，問題卻留下來。

如果你的車子接二連三老是出問題，我想或許需要調整的是駕駛而不是車子。往往，在經過一段重複的錯誤之後，我們將無可避免地發現：「原來我就是問題所在，我就是答案。」

有一個重要的問題，我們要常在心裡發問，就是：「我在解決問題嗎？或是我已成為問題的一部份？」如果你自己好吃懶做，當然會覺得無精打采，當然會抱怨錢不夠用，因為你自己就是問題本身，要解決問題，只有先改變自己。

別忘了，如果你不是解答的一部分，便是問題的一部分。

心田甘露

他找不到問題的根本在哪裡，因為他的問題根本就是自己。

放下執著
心扉敞開

有個呆子，一天早上睡醒，問家中的丫頭說：「妳昨晚有沒有夢到我？」

丫頭說：「沒有呀！」

這個呆子很生氣地責罵：「我昨晚做夢明明看到妳，為什麼耍賴？」

後來，他去向爸爸投訴：「這丫頭實在很壞，該打，我昨晚夢到她，她卻說沒夢到我，真是豈有此理！」

像這種強辭奪理的呆子，在我們生活中也不少見。

如果你觀察一下周遭的人，會發現許多人願意花上大半的時間為自己的觀點辯護，堅持自己的想法，或讓別人相信他是對的。把生命搞得像是一場非贏即輸的競賽，凡事就是要「贏」。

想想看，如此耗神爭辯的結果給你什麼感覺。為什麼我們甘願冒著失去親友和內心平靜的危險，只為了證明自己是「對」的、自己是「贏」的呢？

你有沒有想過，如果我們能放下己見，將節省多少精力的耗損，而且還能擁有更多應得的快樂，這樣不是更「對」、更「贏」嗎？

有什麼好爭的呢？

伽利略說地球繞著太陽轉，被大家恥笑為傻瓜，他奉命在教皇面前懺悔：「我錯了，我說的不對，我收回我所寫的。」他雖然收回了言論，不去爭辯，但是地球依舊還是繞著太陽轉，不是嗎？知道你是對的，不必在乎其他人怎麼想，慢慢地，誰是傻瓜不辯自明。

所謂「智者通權達變，愚者堅持己見。」人生中很多事件往往都卡在一念之間，只要一念放下，即是萬般解脫的大智慧。

就像走路前進，一定要放開後腳，前腳才能更進一步，如果後腳固定不動，又如何昂首闊步呢？人生道理也是一樣，要摒棄根深蒂固的窠臼，放下愚昧迂腐的知見，不再緊握對錯、好壞、高下不放，如此才能圓融寬廣。

說一則十九世紀末的故事：

日本的坦山禪師有一次與同修一起出門，半路上遇見了一場大雨，四處一片泥濘、積水。

眼見一位穿和服、木屐的女孩無法走過積水之處，坦山當時毫不猶豫地跑過去，將女孩抱起踏過泥濘後，很快地放下女孩。事後與其同行的和尚便不與坦山說話。

隔日，坦山忍不住問他：「你為何從昨天出去回來後，就不理我？」

「平常男女就授受不親，更何況你是位出家人，怎可抱她呢？」

坦山回答說：「喔！原來你是為了這件事情啊！當時我抱那位女孩過去後，就馬上放下了，你怎麼從昨天到現在還沒放呢？」

看完這則故事，你也學會放下執著了嗎？

心田甘露

解脫其實很簡單，只要「不執著」就得解脫了。

一切都會過去的！

這是從一張朋友送給我的書籤上讀到的「箴言」。

當時我正面臨人生的關卡，心情極度沮喪，這句話無疑地給了我莫大的安慰與希望。慢慢地，我終於度過難關，一切事情都過去了。

此後，我經常對自己重複這句話，逆境果然都過去了。

就這樣，我學到了這種心靈上的新態度，並全心相信：「一切，都會過去的。」包括最深切的悲苦，或是最愉快的歡樂都不例外。

回個頭，看看你的一生，從出生起到安頓下來，你聽了一些話，你做了一些事，你度過哀傷，也歡度過快樂時光；你曾經憤怒、飲泣、流淚、大笑、激動……不管多少個曾經，那又如何？一切都過去了，不是嗎？

明天，一些愉快、一些不愉快，也都會過去。一年前，兩年前，你哭過、喊過，好像天就要塌下來了，結果呢？花謝、花開，又一年，一切不也都過去了。

未來會如何？隔幾天，會變得怎麼樣？你最多不過是笑笑跳跳，要不然就是失望流淚，那又如何？反正都會過去的。

生命的遭遇猶如水中的浮草、木葉、花瓣，終究會在時間的河流中飄到遠方。失意嗎？你可以試著把困苦想像成一滴墨汁，滴到河中，看看河水有沒有改變？有改變，但幾乎是看不出來的。就算看出來了又怎麼樣？一切，還是會過去的。

事情總是來來去去。在萬事順遂時，美好會過去，讓我們懂得珍惜；在悲傷失望時，痛苦會過去，讓我們學會接受。日子縱使時而有陰影遮掩，煙塵蒙蔽，然而當愁霧散去，又將是清澈明淨，雲淡風輕。

試著回憶起兩個月前的這個時刻，你對生活有何抱怨？你記不起來了，對不對？再問問自己，十年後這個問題還有多重要？

像現在，就在此刻，不管你是喜也好、悲也罷，「一切，都會過去的。」

心田甘露

事情總是來來去去，有些事帶來一些快樂，有些則令人不悅，但不論發生什麼事，一切都會過去，都會結束的。

把每件事當成鏡子

有一則童話故事很發人深省。

有一隻流浪狗，無意間闖進一間四面都是鏡子的房子。突然間，牠看到很多的狗同時出現，使牠大吃一驚，這隻狗便齜牙裂嘴，不停地狂吠。

這時鏡子裡的每隻狗也都對著牠狂吠。流浪狗一看，簡直嚇壞了，牠不知所措，慌張地繞著屋子跑，一直跑到體力透支，倒地死去。

想想看，你是否也有相同的經驗？當你對別人生氣，別人就更氣回來；當別人對你吼叫，你也吼回去，結果是把自己氣得半死。其實這跟小狗在鏡中對自己狂吠有什麼差別，因為牠也相信是別隻狗在對牠叫。

我們所看到外在的一切，其實都是心境的反照，投射在一個叫做「世界」的銀幕上。外在的這個大千世界成了一面思想與幻想的鏡子，我們所感知反映的一切都來自於心靈的投射。當我們注視著鏡子所反射的事物時，往往漏看了鏡子本身，以至於在事物中迷失自己。

簡單地說，你生命中的每件事、每個遭遇、每個關係，都反映出你的真實自我。你最愛的人以及最恨的人，都是你內心世界的投射。

如果你在工作崗位上總是受到批評，那很可能是因為自己本身就是愛挑剔的，而且甚至是愛吹毛求疵。我們批評別人的地方，正是我們無法接受自己的部分；別人惹我們討厭的地方，也就是我們最受不了自己的那一點。

反之，你最喜歡的人事物，也就是你希望自己具備的東西。將這種「反映」的關係當成映照自我的鏡子，我們將不再受有限的視野所限制。

記住俄國劇作家戈果爾（Nikolai Gogol）的這句話：「如果你的臉歪曲了，責怪鏡子是沒有用的。」（It is no use to blame the looking glass if your face is awry.）

「把生活中的每一件事都當成一面鏡子」。每當有事情發生，讓我們覺得不舒服，不妨抓住機會好好朝自己的內心瞧一瞧，問問自己：「我是怎麼造成這個經驗發生的？我為什麼有這種反應？它是否映照出我內在真實的心理？」

心田甘露

你不可能真正愛一個人或恨一個人，除非那個人的行為正好反射出你對自己的愛與恨。

你最需要放手的人

當「原諒」這個字被提起時，誰最先出現在你腦海？是哪一個人、哪一件事令你覺得永遠不會忘記、永遠無法原諒？

我們大部分人在生命中都披著一件口袋裡裝滿怨恨的外衣，讓我們在人生旅程承受重量，直到減輕的時候，外衣也變得老舊不堪了。

你是否發覺，懷恨使你困縛在痛苦之中，使你成為往昔傷害的受害者，一次再一次地受其折磨。不肯寬恕往往會比你怨恨的對象傷你更深。

例如：當一個人為自己年輕時被情人「拋棄」而痛恨一生時，便無法珍惜現在所擁有的愛與親情。

原諒別人，事實上是救了自己。

當然，寬恕並非易事。我們寧可天真地相信報復他、指責他、羞辱他、傷害他、定他的罪，會使自己好過一點。但我們卻沒有認清，當我們拒絕原諒別人時，反而要擔起憎恨、痛苦和報復的重擔，這就像情緒上的垃圾一樣。如此一來，重擔就落在我們身上，而不是壓在犯錯者的身上了。

有人說：「恨，就是被對方抓住！」、「恨，就是使自己成為對方！」因為你終日對他「念念不忘」的話，不就是被他給抓住，被他「潛移默化」了嗎？

記住，最難以原諒的人，往往是你最需要放手的人。選擇艾森豪（**Dwight Eisenhower**）總統的哲學：「永遠別浪費一分鐘去想任何你不喜歡的人。」

曾看過一則故事。

有一位婦女，不但遭人強暴，頭部被射傷，而且歹徒還在殘酷地切斷她的手腳後，便離去任其死亡。

令人訝異的是，她竟然活了下來，但是她的頭傷卻導致永久失明。有一次在接受電視訪問時，主持人譴責歹徒對她所造成的極大痛苦，以至於使她整個餘生都必須面對那無法治癒的傷痕，但她卻令人驚訝地回答：「噢，不！那個人已奪去了我生命中的一個夜晚，就是再多一秒鐘的時間我也不願給他！」

曾有人比喻，寬恕而不忘卻，就像「把斧頭埋在土裡，而斧柄還露在外面」，這樣傷痕是無法痊癒的。

今天起，請把老朽、痛苦的記憶之門關上，也把不可原諒的舊傷拋開吧！問你自己：「我還想緊抓著它多久？我還要繼續被一件過去發生的事折磨下去嗎？」

現在請想像你的眼前有個大海，把這些傷痛、憎恨、不原諒的過去統統丟入海裡，看看浪潮把它捲入海中，一波又一波，將他們的足跡都沖走，不留下任何走過的痕跡。

心田甘露

寬恕是心靈的陽光，就像當你打開暗室的門窗，過去的黑暗，不論時間長短，都已不再重要。透過陽光，黑暗頓然無形，不論黑暗曾經持續二十分鐘，或是二十年都無所謂。

愈在意的 愈應放下

放不下與割捨不下都是人之常情，但因此而失去的可能更多、更慘。

幾年前，老友小張以五百萬元在台中買了一間公寓。三年後他因工作遷居，想把房子賣掉，但是當時房地產價格下跌，他的公寓（加裝潢）只能賣到四百萬元。他捨不得賣，結果到現在不但價格跌得更低，還得繼續付貸款和管理費。

我們一般人似乎都是這樣，「只記得買進價，而不管它的市價。」在股票買賣也經常看到類似的例子。

某位經紀人就很生動地形容所謂的「證券買賣」，他說：「很容易，也很有趣，證券好比一根點燃的火柴，很快地傳來傳去，最後拿到手的人就灼傷了，痛得大聲哀號。」這也就是證券交易所裡喧嚷吵鬧的原因。

有位股市大亨，在接受記者訪問時，就道出了他的祕訣：「股票一跌，就要準備賣；股票漲，反而要抱牢，一直到行情反轉才脫手。」幾年下來，讓他獲利相當豐厚。

反觀一般人，似乎恰好相反，總是瞻前顧後再三考慮，忍痛斷頭殺出的人不多，結果往往成為「最後的跳船者」，亦即「被套牢的最後一隻老鼠」。

告訴讀者這些，並不是教大家如何去買賣股票，而是提醒「心裡愈在意的東西愈應放下」這個智慧。就像媽媽愛孩子，太在意太想擁為己有，痛苦就由此產生。當孩子外出，就擔心他的安危，孩子長大結婚，又管東管西，結果往往和媳婦產生齟齬，造成家庭不和諧。如果學習放下、不計較，許多無謂的痛苦自然可免。

人心之不安，源於妄念執著太多、貪慾過重；因為有所求必有所得，有所得必有所失；得失之間，內心忐忑，心豈能安寧。

我訓練自己擺脫過分執著的方法，就是送走我所珍惜的東西。比方我會把喜歡的書籍送給來訪的朋友、把珍藏的作品或禮物送給有緣人，另外也捐款給需要幫助的人。這個訓練讓我能超越物質，即使失去了某些東西後，還是可以過得很快樂、很富足。

那是一種很奇特的感覺，當我每放棄一個「執著」的事物的時候，心靈就感到再次的「解脫」。

正如年長的印地安人所說，能把對自己意義重大的東西丟棄，生命必可煥然一新。

心田甘露

有哪一件事物是你生命中不可或缺的東西，放棄它，你獲得「解脫」。

把苦痛當成長階梯

幾天前夜裡，我迷迷糊糊醒來，心裡頭叨唸著未完成的稿子，於是決定起來繼續趕稿。

在神志不清的狀態下，我想先沖杯茶提神。待茶泡好倒入杯裡，一時疏忽沒注意到因天氣寒冷，杯子拿起來是溫的，於是我一口就往嘴裡倒，結果燙得整個舌頭刺痛發麻。突然間，我完全清醒了。

因此，我學到了，疼痛會帶我們回到客觀的現實。痛苦也許是不幸的，但有時卻能喚醒人類的心靈，提醒我們某些事情出了差錯。

例如：盲腸炎、腎結石、胃炎……等，內臟發生病變時，就會以疼痛來警告病人。如果不會感覺疼痛，疾病就會在毫不知情的情況下惡化，醫師也無從診斷。

所以，我們可以說痛苦是一種警示，也是有益的訊息。它要人們從不同的角度來瞭解自身的處境，或是以更超然的態度來面對挑戰。

我們應該把身、心、情緒上的痛苦視為一種天賜的福氣，相信痛苦能幫助我們由蟄伏中醒來，進而找到痛苦的意義。

回想一段你曾經歷過的痛苦時光，那時可能你正遭受責難、挫折、遇到大麻煩，或正患重病，現在請再回頭看待那段遭遇，怎麼樣？你是否也發覺了，那些苦痛的遭遇，是不是讓你學到最多，成長最快？

如果你們跟我一樣常和重病患者相處，就會發現人生的悲劇，有時就像載著我們性靈上升的直達電梯。

一位擺脫乳癌的患者就告訴我說：「一旦戰勝像癌症這樣的對手，就沒有什麼值得害怕的事。」

另一位長年洗腎病人的話也令人印象深刻，他說：「我要用盡每一滴生命，而不是讓生命被榨乾。」這些歷經苦痛的人，心裡常會激發出聖哲的智慧。

記得法國偉大的印象派畫家雷諾瓦曾有這麼一則讓人感悟深刻的故事。

雷諾瓦因罹患了嚴重的類風濕性關節炎，以致手指扭曲抽筋。他的朋友亨利・馬帝斯去看他，悲哀地注視雷諾瓦用指尖握著畫筆作畫，每畫一筆就會引起一陣疼痛。

有一天，馬帝斯忍不住就問雷諾瓦，「為什麼你這麼痛苦還要繼續堅持畫下去？」

雷諾瓦回答道：「痛苦會過去，但是美麗會留下來。」

多麼感人的一句話啊！

正如法蘭克爾所說的：「活著就是要受苦，受苦是要找出受苦的意義。」

當你知道生命中的苦痛就像幫助我們成長的階梯時，是否也準備好更上一層樓呢？

心田甘露

每一種病痛後面，都有值得學習的一課。

Every illness holds a lesson for us to learn.

chapter 2

生命之悲

失去，是學習珍惜之階。

頑強的外表下，包裹害怕失去怯懦與不安。

了悟靈魂精神永不失去，

進而珍惜生命、用盡每一滴生命，

爲生命留下不朽的美麗篇章。

放下我執 萬般自在

這是一則關於蜈蚣的老故事：

一隻蜈蚣原本怡然自得地爬行著，直到有一天，突然有人問牠：「老哥，你是用哪隻腳先走？哪隻腳後走？」從此蜈蚣為了思索這個問題，再也不知道如何走路了。

大家也許會嘲笑蜈蚣笨拙，但是，仔細想想，人類似乎也有相同的毛病。我想很多人都聽過于右任先生的故事，他老人家留了很長的鬍子。有天被人問到晚上睡覺是把鬍子放在棉被外面還是裡面時，于右任說沒注意過這個問題，但當晚想起，卻是把鬍子放在外面或是裡面都不對勁，以至於竟失眠了。這種現象即是因「自我意識」太強而產生的笨拙。

舉例來說，如果你害怕演講，在心裡可能想像著那群人正竊竊私語地批評，並且還不斷嘲笑。然而實際上，他們可能非常佩服你的勇氣，而且對演說的內容很有共鳴。但這時，心中的害怕已扭曲了我們對事物的理解，更影響到正常的表現。

再如，如果你對某人過於在意，深怕失去他們，就會變得盲目，對於對方所犯的錯誤視而不見，或是假想他們具有某些令人讚賞的特質，但事實並非如此。這些都是「自我意識」受到恐懼影響所造成的結果。

不管自卑也好，自負也罷，說穿了，都是一個「我執」在作祟。因為太看重這個「我」，所以既擔心別人的看法，又容不下別人的褒貶，結果不是變得特別地謙「卑」，就是變相地膨脹自我來武裝自己。

無論什麼人，如果總是掛念著自己，確實是愚蠢之至。要克服這種弱點，就要學習將心思專注於你現在正在做的事情上。

如果你正在打球，就把眼光都集中在球的身上；在與別人溝通時，則把所有的注意力都集中在所要傳達的訊息上。簡單地說，就是要「無我」、要「忘我」。「無我」的人不需要別人的讚賞，也不在乎別人的褒貶；「忘我」的人則從不意識到「別人會怎麼想，我要怎麼做更好」。放下了「我」的執迷，即能達到「放下解脫，萬般自在」的悟境。

心田甘露

解脫其實很簡單，只要放下「自我」，你就得解脫了。

快樂痛苦由你選擇

大部分人遇到問題時，常會不自覺地產生妄念，把事情往壞處想，最後果真陷自己於危厄之中，在詭譎的環境裡撞得遍體鱗傷，渾然不知人生還能有別的選擇。

心，是可以選擇的。苦難可以是折磨，也可以是啟示；考驗可以是挫折，也可以是機會。這即是「選擇的自由」（the freedom to choose）。

蒂姆．漢塞爾在《你該不停地跳舞》一書中也告訴大家：「痛苦不可避免，但人可以選擇是否因痛苦而傷心欲絕。」

是的，也許我們無法選擇哪些事會降臨到我們身上，但我們都可以選擇如何處理的態度；或許我們無法治癒苦難的世界，但我們都可以選擇快樂地過活。

人生是一個選擇題，你的一舉一動，一言一行，隨時都在做選擇。我們選擇自己的生活如何過，也選擇快樂與痛苦、成功或失敗、勇敢或懦弱。

你目前的生活即反映了你過去的選擇。

通常，你選擇怎麼想、怎麼看，事情就會如你所想的呈現出來。無論選擇是否在有意識的情況下進行，然而每一個結果都是自己造成的。

譬如，在公車上有人踩了你一腳，你可以選擇做出各種反應——

你可以報以微笑，表示沒什麼大礙；也可以說聲「沒關係」，表示接受對方的道歉；或者你也可以怒目相視，說：「下次最好眼睛張大一點！」然後非發個脾氣不可，這都是我們的選擇。

我曾看過一道問題：當007被關在一個密閉房間，只剩六十秒空氣，請問他還可以有什麼選擇？大家議論紛紛，心想如何逃出去，但教授卻說：「還可以選擇快樂」。

下回，你可以試試看，當你必須大吼大叫時，改用微笑代替，看看結果會有什麼不同。

你可以用一根指頭，戳傷一個洞讓自己受苦叫痛，也可以用一根指頭，輕覆那傷口，使它癒合，全在你的選擇。

心田甘露

人生就決定於你選擇的那一刻。
你選擇怎麼樣的開始，也就決定什麼樣的結果；
你選擇怎麼樣的現在，也就決定什麼樣的未來。
你期待未來有所不同，那就要不同的選擇。

不要等到為時已晚

《心靈雞湯》裡有一封感人的信，是一位卡車司機在跌落萬丈深谷之後，快去世前所寫的。這裡摘其大意（《心靈雞湯Ⅲ》，一四四頁）：

親愛的老婆：

大概沒有什麼人會願意寫這樣一封信，我卻慶幸自己還有時間能告訴妳我多次想說，卻未說出的話——我愛妳。

現在，我傷得很重，已走到人生最後一步了。我想起自己曾錯過不知多少次結婚紀念日及生日，以及因為我在路上奔忙，使妳必須獨自去觀賞孩子學校的戲劇或球類比賽。

我想到那些妳獨守家中的寂寞夜晚，不知我人在何處，事情是否順利……想到我總是惦記著要打電話跟妳問個好，卻不知怎麼地，總有各種理由而沒有付諸行動。

現在，那些理由都不重要了。

妳為我犧牲一切，卻不曾抱怨，更感慨的是，我甚至未曾感謝過妳。

我的身體很痛，但我的心更痛。

當我結束人生旅程時，妳卻不在我身邊。從我們結婚以來，這是我第一次感到獨自一人，我覺得很害怕，也急需要妳，但卻為時已晚。

老婆，我想大概就這樣了。

我的天啊，我非常愛妳！請好好保重，照顧好自己，我愛妳勝過生命中的一切，我只是忘了告訴妳。

我愛妳。

比爾路得·肯達爾

這樣的故事其實不斷上演。當某件駭人的事件發生，頃刻間失去了曾經擁有的幸福，我們會多麼希望一切都能「重來」，重回到過去的任何時刻都好。

為什麼我們總要靠著災難最露骨的召喚，才能使我們看清原來我們彼此是如此地深愛？

為什麼我們總要到太遲的時候，才恍然醒悟應該去愛？

為什麼總要在將失去一切的時候，才懂得珍惜所有？

昨天，全世界約有二十萬人離開了人間，更有上百萬人，在死亡邊緣徘徊。他們氣數已盡，也許明天再也不會醒來。

你有沒有想過，當你正在讀這本書的這一刻，有人正在急診，而有人剛剛分手；也就在這一刻，有人剛剛死亡，也有人正在哭泣、後悔……

請記住，「如果你想對他（她）說什麼或做什麼，請早。」那麼在他（她）哪天不預期撒手的時候，你就不會有太深的遺憾。

心田甘露

幸福往往是事過境遷之後，你才體會到原來你已經有過的一種境地。

認同就好 但不比較

經常在一起的三位同事，有一位最近升遷，你覺得不舒服嗎？辦公室裡坐在妳對面那位小姐買了一套新裝，而且她又天生麗質，妳嫉妒她嗎？

朋友娶了一位漂亮又賢慧的太太，你會不會懊惱，為什麼這樣的好運都不落在你頭上？

日常生活中，有兩種人肯定活得不快樂：一是喜歡比較的人，一是怨天尤人的人。喜歡比較，易生不滿；怨天尤人的，易生不平，當然也就快樂不起來了！

「人比人，氣死人！」一切的好與壞、美與醜、貧與富，都是比較下才顯現出來的。例如：

一群人在討論車子，「你開什麼車？」

「喜美！」「TOYOTA！」

「喔！為什麼不買『賓士』『BMW！』比較有品味？」

等到有一天終於買了賓士車，又有人問起：「你開什麼系列，是幾年出廠的？」

「啊，太遜了，要開就開最新New S-Class的才夠氣派！」

「什麼時候再換一輛？」只要這麼一比，就足以把你打入冷宮。

人與人之間的比較，百分之九十都是建立在虛榮之上，簡單地說都是為了「愛面子」。某業務經理就深諳這種心理而生財有道。

「我想，現在該是賣給林先生新車的最好時機。」經理說。

「經理，我曾向他推銷過許多次都沒成功，為什麼你會這樣想？」推銷員不解地問道。

經理笑著說：「因為他的鄰居剛剛買了一輛新車！」

可不是嗎？我們為什麼老是喜歡和別人一較長短呢？

試試將左手放入冰水中，右手放入熱水裡，然後抽出手，同時放入溫水中，這時，我們將感覺水溫有了差異，左手覺得水溫是熱的，右手覺得水溫是冷的。

在對比之下，我們的知覺顯然受到了影響。同理，比較的心理，也常受到這種對比的錯亂，這又何苦呢？

「認同，但不比較」。不管什麼時候，當你想和別人比較的毛病又犯時，踩一下煞車，用力地提醒自己這句話。現在起，請別再羨嫉別人的太太、丈夫、家庭、身材、穿著，更別比較他們的收入、成就、事業、地位了，好嗎？

心田甘露

一個人只是希望幸福，這並不難達到；然而我們總是希望比別人更幸福，這就難了，因為我們總堅信別人比我們幸福。

愈注意的影響愈大

你注意力的焦點在哪裡？是注意到你的痛苦，或是你擁有的快樂？你所獲得的批評或是誇獎？集中在你的憂慮和恐懼，或是希望與夢想上？是想到失敗或是成功？

你所想的是什麼，就決定了你的態度，而你的態度也就決定你的命運。生命的品質決定於注意力的品質，你所注意的東西將會成為你生命的重點。

例如，某些人是我們最討厭、最不願去想的人，反而卻常常出現在腦中，我們整個情緒和思想全被他所左右。如果那個人是你在辦公室的同事，你可以表現得視而不見，不屑理他。但是當你進出辦公室的那一剎那，心裡想的是誰？整個晚上最常出現在腦海的又是誰？是他，對不對。

我有一位朋友在市府上班，由於與同事交惡，便終日以對方為假想敵，以至於家庭生活與工作都大受影響，最後逼得他不得不調職。

於是我問他：「如果不是那個人，你會希望繼續留下來嗎？」

他回答：「會呀！可是只要他在一天，我便覺得如芒刺在背，只好另謀高就。」

「你為什麼讓他成為你生活的重心？」

朋友被這麼一問，真是啞口無言。想想，這又何苦呢？

記住：「你愈去注意某事，那些事在你的生活中所佔的分量，就愈重。」

無論你將注意力放在何處，那些被關注的就會滋長。如果你的注意力放在某一事物的匱乏之時，那不滿和匱乏就會增加。反之，放在某一事物的富足時，則心田就會滋長喜悅和感恩。

明白了這個法則，別忘了，當下次發現自己又在思索可能的壞事時，快停下來，反過來要求自己去想一些可能發生的好事情。

在每天不同的情境中，至少為每一個情境找尋一處積極可喜的地方。就這樣持續地做，你將發現自己變得愈來愈欣喜，愈來愈有勁。

心田甘露

當我們被「小事」困擾時，就把注意力轉移到「大事」去吧！我想很快，你的注意力就會被轉移。

凡事都得順你意嗎

回想一下，你上一次生氣是在什麼情形下？是不是因別人沒有符合你的心意，就使你勃然大怒呢？如果你的回答是「肯定」的話，那你就得仔細瞧瞧這篇文章了。

生氣的人總認為自己是對的，且大都會站在自己的立場去看事情。也就是說，並不是因為某事、某人不對而生氣，而是因某事、某人不合己意而動怒。

其實，生氣就好像小孩的行為。因他們常不講道理，當他要的東西你不給時，他就以發脾氣來達到目的。

例如：他想吃冰淇淋，媽媽卻說：「不行！」這個小孩馬上由希望轉為強求，並且開始撒野。因此我們可以說生氣是希望落空的一種幼稚反應。

當你生氣也是如此，生氣可算是一種成人式的撒野。然而，你憑什麼認為，樣樣事都要順你的意？

這個世界本來就是這樣，不可能按照你的希望改變。多半的時候，無論人與事都不會像你希望的樣子。所以，當你遇到看不慣的人或事時選擇生氣，就是自討苦吃，這實在是愚不可及。不要選擇生氣，你可以開始想，別人也有權利不贊同你喜歡的那樣。你可能不喜歡，但你犯不著去生氣。

如果你一時無法做到，可以試著應用這個技巧，讓自己平心靜氣地想想看：「凡事都得順你的意嗎？」讓這個想法盤據在你的腦中，直到你冷靜下來。

心田甘露

當你對他人的行為表示憤怒，多半是想控制他人，希望別人照你的心意做事。然而，當你用生氣來傷害自己時，你反而讓別人控制。

煩惱放進週五盒子

今天的你沒什麼笑容，是不是又想起心煩的事了？

日子分明過得好好的，可是你又忽然感到那種莫名的煩憂，隱隱約約彷彿有什麼事將要發生。你的心好累，累在不停地擔心別人會怎麼想？事情會怎麼發展？未來又將如何？就像信箱裡不斷塞進來的垃圾廣告一樣，使你窮於應付。

每個人似乎都是這樣，把現在耗在憂慮未來上，不斷地預支不幸，煩惱不確定的事，等到這段時間過了之後，又在怨嘆浪費時間、虛擲光陰。

你有沒有想過，憂愁不但無濟於事，還會影響此時此刻的心情？未來的不幸不見得真會發生，而你卻失去了現在的平靜。

沒有什麼好煩惱的！真的，一點也沒有。你可以聽聽下面幾位智者誠摯的提醒：

‧守則第一條：「不要為小事煩惱。」守則第二條：「什麼都是小事。」

羅伯特．艾略特醫生（Dr. Robert S.Eliot）

‧「何必在煩惱時抓自己的頭髮，禿頭並不能減輕你的煩惱。」

古羅馬哲學家西塞羅（Cicero）

‧「我們的憂慮有如空中的鳥，雖然你無法不讓鳥飛過你的頭頂，可是你可以不讓鳥在你的頭上築巢。」

十六世紀神學家馬丁路德（Martin Luther）

‧如果看到十個問題迎面而來，不用著急，因為其中九個會在到達之前就跑到陰溝去了。

美國第三十任總統卡爾文．柯立芝（Calvin Coolidge）

把昨天、上週甚至去年你所憂慮的每件事列出來，看看你所憂慮的是否有任何對你有益，同時評估你憂慮的事，有多少成真。你將很快地發現，憂慮真的是很「划不來的事」。

如果你也有這種毛病，就把它放進「週五盒子」吧！

這招是一位牧師教我的。首先，為自己準備一個空盒子，每當有令自己困擾的想法和念頭時，就記下來擺在盒子裡。然後呢？然後就不必管它們啦，到了每星期五，再打開盒子，將不再是問題的念頭撕碎，對仍然有困擾的部分則再去找建設性的答案。

有趣的是，你將發現許多煩惱竟能因此而「統統不見了」。

心田甘露

停止一切憂慮，你所擾憂的事，大多數在一週之後就難以記得了。

你其實，可以換牌

在哈佛大學，曾經有過這麼一個故事：

一向為大家所愛戴的教務長博立格先生，有一次問一個學生，為什麼他沒有把指定的功課做好？

那學生回答：「我覺得不太舒服。」

教務長就說：「孩子，我想有一天你也許會發現，這世界上大部分的事情，都是由覺得不太舒服的人做出來的。」

教務長的話讓人為之震憾。如果你參加過殘障奧運會，看過殘障選手跨越障礙，奮力衝刺的情形，你就能夠了解這句話的意思。當我們的行為鼓舞了別人，困頓就已經不再是折磨了！

音樂家貝多芬是個聾子；名詩人朱爾頓是個瞎子；教育家海倫凱勒從嬰兒時期就既盲又聾啞；羅斯福總統和英國文豪伯貝則是跛子。

四肢截肢者乙武洋匡僅靠一張嘴巴，仍然成為一位出色的作家。

二十世紀最重要的理論物理學家霍金患有關節萎縮症（Lou Gehrig's Disease）達二十年之久。他無法行動，聲帶也喪失了功能，但他仍然完成許多物理界的創見。

再如大家熟悉的名作家劉俠（筆名杏林子），四十五年來也飽受類風濕性關節炎的折磨，但她仍以堅毅的鬥志寫作文章出書勉勵別人，創辦伊甸社會福利基金會……

你呢？你的情況有比他們更糟嗎？

大部分人都忽略，山谷的最低點正是山的起點，許多跌落山谷的人之所以走不出來，正因他們停住腳步，蹲在山谷自艾自憐的緣故。

想想看，你的境遇真的是最糟的嗎？你只有在不是最糟時，才還有時間和精力去抱怨，不是嗎？

假如真的已經糟糕透頂，那表示情況只會變得更好，那又有什麼好自艾自憐的呢？

再提醒一次，這世界上大部分事情，都是由覺得不太舒服的人做出來的。沒錯，命運可能發給你一副爛牌，可是你有沒有想過，你其實可以換牌啊！

心田甘露

當有一扇窗闔上的時候，就會有另一扇窗開啟。我們應該去看可能開啟的另一扇窗，而非注視已闔上的窗戶。

解開記憶 撫平舊創

每一樁生命的經驗都會在我們的心靈烙下不可磨滅的痕跡，沉澱為心底的一層記憶。我們之所以要記住過去的傷痛，就是要努力防止自己再度受到傷害，但是一旦硬將過去加諸於現在，你便永遠無法抹去傷痛的威脅。

一個曾被狗咬過的人，只要一看到狗走過來就會緊張恐懼；一個有極端不愉快離婚經驗的人，在街上遇見以前的配偶時，那種憤怒的情緒一下子又會升起。所謂：「一朝被蛇咬，十年怕井繩」，我們對任何狀況的反應，基本上都是記憶的投射。

當外在環境再發生類似的事件時，就會喚起過去失控受挫的記憶，使你再次感到失控和受挫。那些陳年的心理作用一直會控制著你，使你成為聽命於它的禁囚。

例如：我們常會發現與配偶或別人爭吵時，因太過情緒化而使衝突很快升高並惡化。在爭執的當時，我們往往忽略了情緒產生的真實感受，而是以過去經驗為反應，「互掀對方底牌」。有時候憤怒是那麼地強烈，其實是因為觸動了過去的某個情境，對往事的憤怒甚至超過當下的情況，以至於一發不可收拾。

如果你也常動不動就發怒，或是為了小事抓狂，建議你開始回顧過去吧！你可能已經鬱積了層層遭到壓抑、否認及忽視的挫折，對不對？

問問自己：你目前的感受是否讓你想起過去。雖然記憶包住過去憤怒的情境，但憤怒可以開啟一扇通往過去的門，穿過這道門，你可以為陳年未解的心結帶來療方。

敵對的情緒緣於對過去傷痛的護衛，當你撫平憤怒和怨懟的情緒時，你的舊創也就自然痊癒了。

心田甘露

打開塵封的記憶，揪出讓憤怒發酵的霉菌，拿出來曬曬太陽。

面對問題　不再追悔

幾乎每一個人都曾說過這樣的話：如果我當初……就好了；我真後悔當初沒有……，否則也不會像現在這樣。人難免會檢討與回顧過去曾發生的事情，適度的檢討是有益於未來人生道路，但過分眷戀卻是阻礙成長的絆腳石。

人生是一條有無限多岔口的長路，永遠不停地在做選擇。在這秒鐘之前所發生的是過去，你所選擇的結果已無法改變，逝去的日子也不會再回來，這是無法抹殺的事實。

將時間浪費在後悔失去的機會上，會使我們有三種損失：我們無法改變過去，我們失去了現在的平靜，同時影響到我們的未來。

凡事沒有絕對的對或錯。

假如你選了一條路，就永遠無法確定選另一條路的結果如何。所以，切勿事後責怪自己。

每一件事皆有優、缺點，而抉擇通常也意味著必須放棄某些事，只要把人生看成是自己獨一無二的創作，就不會頻頻回首如果當初做了不一樣的選擇會如何？

事後追悔，不如面對問題，不再追究過去的滄桑往事，只問現在，做為一個「活在當下」的人。

你的問題是什麼？大家首先必須認清的是：任何問題所可能造成的結果並不重要，重要的是應如何面對問題。

不要做「假如」的思考，要做「如何」的思考。「假如」的思考常說：「假如當初……」；而「如何」的思考則強調：「我如何去彌補這個錯誤呢？」或是「我如何做得更好呢？」也就是集中於現在你能做什麼？而不是那時你做過什麼。

想想你目前正在面臨的問題。
與其抱怨：「每次都搞成這樣！」不如問：「下次我該怎麼做？」
與其預言：「鐵定沒救了！」不如問：「我還能做些什麼？」
與其後悔：「假如當初不是那樣！」不如問：「我學到了什麼？」
事情如何發生並不重要，重要的是我們如何處理，且最後學到了些什麼。

心田甘露

錯誤的問題不可能帶來正確的答案。
問自己哪裡錯了，而不是怎樣才能做對，等於是把注意力放在錯的地方，而非對的地方。這樣結果又怎麼可能變好呢？

別為小事神經過敏

我們都擅於抱怨，有事沒事就愛發牢騷、嘟嚷、詛咒、吐苦水。將芝麻小事形容成天大的不幸，實在是大多數人的通病。

我有位朋友的太太就經常把她對先生的不滿「公諸於世」。

「他自私又不體貼！」

「他從來沒有想到別人，只想到自己！」

「他不關心我，都不願載我回娘家！」

朋友不能忍受這些指控，馬上回道：「妳呢?妳自己還不是整天無所事事，連一個孩子都帶不好……」

當他抱怨管教孩子時，太太就更火大了，整個情緒於是爆發出來。她抱怨他把什麼事都交給她，然後又批評她做得不好，自己卻又不願幫忙；他總是對的，而她老是做錯！因此她就讓他知道她的感受是什麼。

神經質地生氣的人多半對人有雙重要求。例如先生要太太幫忙工作，但不久他卻開始挑剔妻子笨手笨腳，越幫越忙，還不如自己來更好；當他實在感到孤掌難鳴時，又開始抱怨太太不夠合作，讓他一個人挑下整個工作。如果你是那位太太，是不是也會氣瘋？

在神經質的爭吵中，我們常會為了一些微不足道的小事爭鋒相對，例如：「你總是將衣服亂丟！」、「為什麼你牙膏老是從前面擠！」、「你看！你將餅乾屑弄得滿地都是。」有的問題則涉及深入的價值觀點，例如：「誰決定怎麼花錢？」、「誰決定如何教養小孩？」……等等。

表面看來爭執的雙方意見相左，然而在潛意識裡卻是共謀。很多人心懷不滿，但是又不敢承認這種不滿來自內心，所以一有機會就借題發揮，將不滿發洩，然後再名正言順地說：「是你惹我生氣的。」利用別人的行為來當作發洩的藉口，這就是我們經常有神經質情緒的原因所在。

仔細想想，你是否也有吹毛求疵，老是為小事抓狂的傾向，是否也常由別人的舉動中看出「絃外之音」，誤以為別人冒犯你而大驚小怪？如果你正是如此，那我想你必定經常感到挫折、沮喪和憤怒，對不對？

現在，教你一招。連續幾天忠實地記錄下每天發生的任何事，你會發現，有些事一再重複，已成為個性或行為的習慣模式，這即是你的神經質情緒的誘因。認清這個事實，不再為你的行為找藉口，你將回復內心的平靜和喜樂。

心田甘露

假如你被絆倒，並非大樹欄阻了去路，而是那小小的藤蔓所致。

——莎士比亞

頑強外表 脆弱的心

我們常認為，我們會生氣、會憤怒絕大多數是因為別人侵犯了我們，或待我們不公才會引起的。所以最好的方式就是報復回來，讓對方也嚐嚐這種「滋味」。

因為你對我恣意咆哮，我就對你惡言相向；因為你對我喋喋不休，我就對你敬而遠之；因為你對我無理取鬧，我就對你冷淡漠然……

大部分的人深信：「當別人對我們造成威脅時，我們必須反擊回去、報復回去，才能嚥得下這口氣，否則我們便是懦弱無能的人。」

然而，大家有沒有想過，也許我們可以理直氣壯地認為我們有責任「保護」自己，但是卻忘了我們為什麼會有要「報復」的意念？

我們是否應該回頭檢視一下產生這個意念的源頭？其實那個源頭無他，是我們對自己不肯定，害怕別人看輕我們，以為我們好欺負，因而急於「表現」自己。反擊的心理需要，實在是源於內在的自卑及恐懼。

所以說穿了，反擊或報復其實是自我防衛的另一種形式，一旦別人有任何不禮貌的言語舉止出現，我們便很容易解釋為對方看輕我們。這如同在揭我們最受不了的弱點，當然我們就很容易被挑撥起憤怒的情緒而思報復了。

例如：一位先生和同事正在為一個問題發牢騷，他太太在旁建議他應該如何處理，他很生氣，便告訴太太：「要怎麼處理是我的事，不用妳管。」

再如，先生對太太說：「妳真的一件事都做不好嗎？」太太馬上回道：「我要是做得來，還會待在這裡受氣嗎？」

因為先生缺乏自尊，所以反應這麼強烈。很不幸，他太太的反應也很自卑，這更把他的自尊打了折扣。愈覺得不如人的人，對任何芝麻小事的反應就愈強烈。

了解自卑會產生什麼之後，我們就能清除對可惡的人所生的責怪之心。

當我們聽到別人傷人的言詞，或是受到侵犯的舉動時，我們應可看透他們其實是藏著害怕，怕你看不起他，所以必須先聲奪人；或是他們怕別人看低他，而必須表現得比我們都強的樣子。因此我們可以了解，愈是需要靠外在聲勢來壯大自己的人，其實內心愈是心虛。

記住，「頑強的外表下，常包裹著一顆脆弱的心。」

那些表現得惹人討厭的人，其實是因為他內心自卑。明白這點後，還需提醒自己，你也可能因為自卑，而表現出不吸引人、令人嫌惡的特質。

因而，在下次別人或自己又出現這種情形時，我們不妨把它當成是一種求救的訊息——其實他們（自己）的內心欠缺的是更多的自尊及肯定。

心田甘露

憤怒是弱者的武器。愈愛生氣的人，其實自卑感愈重，生氣只是他不克自制的反應。

肉體雖死 生命永生

大家都害怕死亡，因為它是人從「在」變成「不在」的不確定狀態。真的是這樣嗎？

事實上肉體的死亡在整個生命過程中只是一個過渡階段而已，不死的靈魂隨著肉體的死亡將邁向生命的更高層次，因為它是永生的。

打個比方，如果肉體是燈泡，而且燒壞了，難道就沒電了嗎？不會的，能量的來源仍舊存在。死亡的道理也是一樣。

讓我來說個故事吧！

有一位主日學老師與學生談到靈魂的問題，他說：「人死後，身體雖腐爛，但靈魂仍存在。」學生不解地問：「身體死後，靈魂怎能獨存呢？」後來老師想了想，把一個裝著時鐘的紙盒拿出來，對他們說：「你們猜這盒子內裝的是什麼？」學生說：「時鐘。」老師又問：「你怎麼知道裡頭有時鐘呢？」學生說：「因為我聽見滴答滴答的響聲。」

於是老師就把鐘從盒子裡拿出，鐘放在右手，盒子放在左手，便問他們：「現在鐘在那裡？」學生齊聲說：「在老師的右手。」老師就說：「身體如同盒子，靈魂如同時鐘，鐘離開盒子照常在滴答地走，人死之後，靈魂離開身體也是如此。」因此，學生都恍然大悟。

生與死不是一切的有與無，而是物質世界的入與出，進入物質世界就擁有身體，出去了就消失。

愛因斯坦告訴我們，肉體就像其他所有物質一樣，都是一種幻覺，想要控制肉體，就好像只顧著抓住影子，卻忽略了實體本身。

「大家對死亡都有一種錯誤的觀念。」瑪哈里須（Maharishi）大師曾說：「以為死就是一種結束，事實上是一個開始。」出生若意謂看這個世界的生命，死亡又何嘗不是在另一個世界「重生」？

失去所愛的人當然會心痛，這是人之常情，但是這種痛可以減輕、減短，只要你能體會生命是永恆的流動，沒有得或失，只有變化與轉化。

正如聖經章句的小卡，上面所寫：「牽牛花並沒有死亡，它只是到牆的另一邊開花去了。」

靈魂若得永生不滅，面對死亡也許就容易多了。

心田甘露

肉體是靈魂在世的家。在臨走之時，你以感激的心情，回顧自己的一生，並以回家的心情，面向死亡。

放對地方就是天才

何謂天才，就是放對地方的人才；反過來說，你眼中的蠢材，很可能也只是放錯地方的人才。

例如：你和一位土著被困在非洲叢林，既無食物，也無水喝，那麼你將把這位土著當作「天才」，因為他懂得各種求生的技巧。

相反地，如果把他帶到辦公室要他使用電腦，那麼情況將會完全不同，你可能會認為他是「白癡」。

的確，天生我材必有用。有些科學家連音階都抓不準；有些畫家連一封信都寫不好，可是他們「把自己放對地方」，所以成就非凡。

史蒂芬．史匹柏就是個例子，他因高中的成績非常差，沒有任何電影科系願意准許他入學。相反的，他走進電影工作室，認真學到了他所需的技能。今天，他不但製作了許多評價極高的影片，更成為家喻戶曉的大導演。

畢卡索剛出道時原本想當詩人，結果他的詩被極具鑑識能力的絲泰茵夫人評得一文不值，他因而回心轉意。幸好有這位貴婦的提醒，否則這世界不就少了一位大畫家了嗎？

其實，所有的人事物原本都是美好的，只是所屬的地方適不適合而已。

如美味的湯汁滴到襯衫上即變「骯髒」，床笫間的私密用語到了街上即成「髒話」。是不是很有趣！原本含在口中的食物，只要吐出來就變得「噁心」，把它吞下去反而「有營養」。

即便是骯髒污穢的垃圾，只要放對地方（埋在土裡），也能滋養大地，開出美麗的花朵，長出能夠帶給我們健康的食物。

這世上沒有任何一個人或一件東西，是沒用或卑賤的，任何人或物，只要放對了地方，都會成為有用的「可造之材」。

希望你也能找到最適合自己的人生舞台，並且盡情歡唱生命之歌。

心田甘露

生命的最高境界，即是選對舞台，走出自己的路，然後盡情地發揮獨特的才華與能力。

凡事都會有第一次

凡事都有第一次。

不要以為沒有可能就不去嘗試，也不要以為沒有機會就輕言放棄。要知道，即便是治理世界的人，也不是打從娘胎就擁有領袖風範的。

咱們就拿雷根來說吧！他出生於中西部的小鎮，身無分文又沒有經驗，有的只是一個想當明星的夢。誰能料到經過一番奮鬥和堅持，他不但成了電影男主角，接著又當上加州州長，最後還以七十二歲的高齡當上美國最強勢的總統。

如果你也讀過雷根的自傳，我想你必會覺得這本回憶錄讀起來有點像神話故事，因為內容實在是太曲折離奇了。可是作者又說，這本「神話」最令人驚訝的就是——它是真實的故事。

是不是既有趣，又矛盾？人生中有許多境遇，當你越拚命去想怎麼做才好時，達成的機率越低；反之，當你放手去做，跨出步伐，一切似乎又充滿好運道。

美國演說家貝爾（peale）就曾提醒大家：「如果你總是把事情拖到胸有成竹時再開始做，那麼你將一事無成。」

大多數人只會傻坐在椅子上瞪著問題發呆，什麼也不做。好像瞪得夠久，問題就會消失不見似的。

讓我告訴你，你坐在原地，搔抓你的頭皮愈久，而什麼都不做的話，除了會使你的頭更禿，你的熱忱，也會一點一點的磨光。你想得愈多，疑慮就愈多，以致讓你愈來愈相信，你的點子，一點都不可取。

俗話說：「人怕站，不怕慢。」「人」字的造形，兩腿張開，人底下張開兩腿，即在提醒我們，在人生道路上，人必須「邁開腳步」迎上前去！

不要害怕自己沒有經驗，也不用擔心下一步該怎麼走，當你跨出了第一步後，第二步自然變得清楚可行。

這就像一個人提著燈籠走在幽暗的山徑中，他在黑暗中雖然看不見山徑的盡頭，可是燈光卻足以照亮下一步，不是嗎？

記住，凡事總有第一次。緊張難免，但毋須恐懼，想想看，又有誰是在第一次之前就有經驗的呢？

心田甘露

要學走路，便要站起來移動你的腳。

一旦你跨出第一步，你便開始擁有不同的視野和體驗，機運也從此不同。

chapter 3

轉念之喜

困境，是學習轉念之階。

無法期待生命盡是美妙，

只期待能學習逆向思考的妙法，將心中之鬱苦，

轉化爲成長的甘露，讓心田的幼苗樂觀的茁壯。

換個說法 心情轉彎

中國有一位著名的國畫家俞仲林先生擅長畫牡丹。

有一次某人慕名買了一幅他親手所繪的牡丹，回去以後很高興地掛在客廳。一位朋友來訪看到了大呼不吉利，因為這牡丹沒有畫完全，缺了一部分。而牡丹代表富貴，缺了一角豈不是「富貴不全」嗎？

此人一看也大為吃驚，認為牡丹缺了一邊總是不妥，拿回去預備請俞大師重畫一幅。

大師聽了他的理由，靈機一動，告訴這個買主，牡丹代表富貴，所以缺了一邊，不就是「富貴無邊」嗎？

那人聽了大師的解釋，高高興興地又捧著畫回去了。

同樣是一句話就看你怎麼說了。

像我最近遇到一位數年未見的學生，當他看到我不復消瘦的身軀時，笑著打趣地說：「老師，幾年不見，你好像比以前『發福』了！」

真是會說話，其實他真正的意思是「你比以前『胖』多了、『肥』多了」。但是，說我發福，又會「發」、又有「福」，聽起來就讓人覺得舒坦多了。

你可以說：「這個人很漂亮，可惜太胖了。」也可以反過來說：「這個人雖然有點胖，但還是很漂亮」，就在於你怎麼看，怎麼講。

還記得有這麼一個故事。

明朝文皇和學士解縉，有一次一起散步。

當兩人同時步上南京方橋的時候，文皇問解縉說：「你可想到什麼吉利話可說嗎？」

解縉想了一想，說：「一步比一步高！」

到了下橋的時候，文皇又問他：「此時，你可有什麼吉利話可說嗎？」

解縉說：「後面比前面高！往後的一切比以前更好！」

你看！只要說法換，心情不也變得海闊天空了嗎？

心田甘露

先賢造了一個「吉」字，上為士，士者讀書人也，意思即說：讀過書的人出口，應多說吉利的話。

心如明鏡 反照事物

人們似乎生活在一個判斷的大海中，無時無刻都在評論：看到一個花枝招展、標新立異的女人，就認為她很「騷包」，一定「沒什麼內涵」；看到滿臉油油的男人，就懷疑他是個心術不正、偷機取巧的人；主動結束一樁愛情的人，則被認定是花心不負責；而你若娶嫁富家子女，少不了又得被揶揄是攀龍附鳳……

幾乎每一分鐘，我們都依憑著過去的經驗在作評斷：「我認為這個，我以為那個；我喜歡甲，我不太相信乙。」腦子裡不斷充斥著各種思想、判斷和情感。

想想看，你是否也是這樣呢？是否曾有某位現在相當好的朋友，在初次見面時卻讓你不喜歡呢？當時，你是否很快就斷定，他（她）並不是你喜歡的那種類型？而現在呢？

人類的生活裡幾乎沒有單純的想法，因為只要一件新的事件發生，舊的記憶馬上參與意見，每一個評斷都免不了融合個人先入為主的「成見」，這正是內心混亂不清的原因所在。

如果你能洞察這個道理，知道自己常常用主觀的想法來評論事情，那麼你已經從過去的陰影踏出一大步了。

「陰影」代表著人們心中黑暗、未被探索的部分，如果我們不能去探索，並接受那部分，我們便會常常將之投射在事物或別人身上。

因此，讓我們把自己變成「一面鏡子」，以平常心反照所有的事物，看到什麼就反映什麼。

不評判，也不會扭曲現實。任何東西放在鏡子前完完全全被接納。而當反映的景象一離開鏡子，鏡子還是和原來一樣，不留下一絲「印象」。

當你開始養成以「鏡子」來反映所有人事物之後，你會發現你的心突然寬闊了起來。

在那洞悉明白的剎那間，你終於看到了「真相」，而不再是你過去經驗的投射，心裡的陰霾也一掃而空。

慢慢你將體悟——心如明鏡台，本來無一物，何處惹塵埃的妙智慧。

心田甘露

如果鏡子沾上灰塵，你可以擦乾淨。但如果是你的眼睛患了白內障，則即使把鏡子擦得再清潔也是沒用的。你只須摘除白內障，之後你將發現，鏡子原是潔淨的。

事實未必真如想像

我們絕大多數人都不認為自己主觀，但是卻只有少數人能分辨出「事實」和實際的「真相」之間可能有差別。因為我們大都以自己感官所見、所聽，甚至所聞到、摸到的為準，亦即我們絕大多數人在無意中，都以自己主觀的感受或想法來評判事情，認為「事情就是那樣，錯不了的！」

比方說，我們都認為鴕鳥不希望被其他動物發現時，會很笨地把頭埋在沙裡。所以我們常以「鴕鳥心理」來形容有類似行為的人。

然而，真相卻並非如此，鴕鳥根本不會把頭埋在沙裡。

當鴕鳥孵卵時，牠們的長頸子和顯著的頭，會變成很明顯的目標，敵人數里外都可以看得很清楚。

因此，當鴕鳥感覺周遭環境有危險時，牠們發明出一套既聰明又有效，而且還能顧及孵卵的偽裝方法。鴕鳥沿著沙丘伸長脖子，這樣不但看起來不顯眼，而且從遠距離看過來更像是一堆小沙丘。

真正的「真相」與我們所認為的「事實」，是不是相差甚遠呢？

地球看起來是平的，但我們知道地球其實是圓的；我們認為所站立的地面是靜止不動的，其實它正以每小時數千哩的飛快速度在外太空不斷自轉。

我們的感覺、我們的看法，有時和「真相」之間確實有很大的誤差。

如果說，上帝是愛，而愛是盲目的話，那我們可以說上帝是盲目的嗎？如果拔掉蚱蜢的腿之後，任由你怎麼嚇牠、叫牠，牠都不會跳，我們能說牠變成了瞎子或聾子嗎？

為什麼會有這樣不同的偏見呢？其實都是受個人的主觀所影響。主觀愈強的人，偏見愈深，於是人與人之間的誤會、衝突與猜忌，於焉滋生。

事實上，任何單一的觀點都是狹隘且不完整的，只摸到象鼻的盲人相信象鼻是長管狀的，而只摸到象肚子的盲人卻不同意他的看法。

當你知道每個人的觀點都只是拼圖的一小塊時，你還會繼續執著於固有的想法？你還會總是堅持自己的看法？

你要做的是，時時提醒自己：「事實未必是真相」。把那些你原有的「事情就是這樣」，改變成「這只是我的看法」。

既然說「這只是我的看法」，當你下一回找別人訴苦時，你將發現聽到的未必是最好的忠告。

因為，你朋友聽到的只是你偏頗的觀點，同樣的，你聽到的或許也只是他偏頗的看法，畢竟，我們都看不到「整頭大象」，不是嗎？

這也就是為什麼每當你與別人爭論時，總是很容易就認定他就是「錯」的原因所在。

心田甘露

事實未必是真相。發生衝突時，我會提醒自己，我的觀點可能太偏狹，是不是我太執著於固有的想法？

設身處地為人著想

有多少次的經驗，妳走進化妝品專櫃和一個想賣給妳產品的小姐交涉，但她一直給妳的，是她認為妳應該使用的產品，而不是妳真正想要的那種。這時，妳會做何反應？是不是覺得很煩，恨不得趕快擺脫這位煩人的店員，到別家去看看。

反之，如果這回妳到另一個專櫃，正巧也沒有妳想要的品牌和顏色，但這位店員答應立刻想辦法取得，妳是否會比較樂意接受呢？答案是肯定的。很簡單，因為她能從妳的觀點去看事情，懂得替妳設想。

想像一下，一位房地產經紀人向一對夫妻強調該區有多所學校，外加托兒所幼稚園，卻發現這對夫妻並無子女且不打算有孩子，你想，這樣的買賣會成交嗎？很難，對不對。

就像一個釣魚的人，雖然他喜歡吃冰淇淋，但是他知道魚愛吃蟲，所以他會用蟲來釣。如果他選擇用冰淇淋來釣，你一定猜得到，他必會空手而返。

人與人相處的道理也是一樣，人們只有跳到對方的立場去想、去聽、去了解，才會真切地知道對方的需要在哪裡。

老美有句口頭禪，在彼此欣賞對方的體貼時，總是會說：「你真體貼」（**You are very considerate**），也就是稱讚對方能「深思熟慮」，設身處地為別人著想。

假如你覺得生活、工作不怎麼平順，老是有人跟你過不去，建議你不妨以「如果我是你」這種同理心的立場來看問題。

※假如我是我的老闆，我喜不喜歡這個職員？

※假如我是我的老師，我喜不喜歡這個學生？

※假如我是我的兒女，我喜不喜歡我這個當爸爸的？

※假如我是他，我喜不喜歡他對我這樣說？

※我喜不喜歡嫁給我？

※我喜不喜歡跟我做朋友？

別忘了，永遠用同一個問題問自己：「設身處地，你會怎麼辦？」當你每件事情都能預先了解對方的立場，為對方設想，你將發現，要化解問題真的不難。

心田甘露

當我們對別人有更多的了解，就會有深切的諒解；當我們對別人有真摯的同情，就會有更深長的感情。

吸氣平靜 吐氣微笑

你知道嗎？呼吸能反映並影響我們的情緒，感覺平和喜悅時，我們的呼吸規律，深長而平靜；情緒不佳時，就會失去呼吸的韻律。

感覺害怕和焦躁時，呼吸會淺短急促，又不規則。

感覺悲傷時，我們會用力吸氣，卻呼氣微弱，就像在嗚咽或啜泣時一樣。

想要平復各種紛亂的情緒，最有效的方法即是調整呼吸。

當我還在急診室實習時，老醫生曾經教我們如何使情緒激動的病人靜下來。

方法很簡單，只要坐在病人身邊，請他跟著我緩慢規則地做深長的吐氣，一旦呼吸節奏放慢下來，身體也就自動地放鬆，激動的情緒便得以平復。

用呼吸來解釋緊張與恢復的關係十分易懂：吸氣即是緊張，吐氣即是恢復。如果吸氣比吐氣多，就容易緊張與奮。反之，吐氣較長時，則會帶來平靜和放鬆。

我喜歡採用一行禪師傳到西方的簡單呼吸法，配合著呼吸慢慢誦唸這兩句話：

吸氣，我平靜；

吐氣，我微笑。

在我覺得壓力或情緒混亂時，我便開始「持咒」，這短短時間的專注呼吸對我非常有用。

我吸一口氣，想著：「我平靜，」把氣慢慢呼掉（時間比吸氣長一倍），想著：「我微笑。」

幾分鐘後，就發現混亂的思維漸漸平復。

現在，你就可以試一試。

你也將發現，愈常練習，心境將更為安詳平靜。

心田甘露

憤怒、恐懼的時候，專心凝視自己的鼻子，數自己的呼吸。來，慢慢地吐氣，一旦節奏放慢下來，你的情緒也就平撫下來。

放鬆肌肉 身心輕鬆

有一天我的助理告訴我：「你最近好像壓力比較大，經常皺著眉頭。」我摸摸眼眉，發現果然是眉宇深鎖。於是我凝神改變自己的表情，設法放鬆眉間的肌肉，心情頓時舒解了許多。

你呢？你平時是怎麼放鬆自己呢？現在就教大家一招「身心放鬆法」。

首先從眉間開始，因為兩眉之間的肌肉，可說是人體對苦痛及壓力最敏感的地帶。一旦你能放鬆眉間的肌肉，就能放下一切的煩憂。

來，請閉上眼睛，對你的眼睛和眉毛說：「放鬆、放鬆，不皺眉頭、不皺眉頭，放鬆、放鬆……」連續緩慢地重複一分鐘……

是不是很簡單？是不是覺得從眉宇深鎖轉變成眉開眼笑了！

這方法同樣可用於頭部、臉上的肌肉、雙肩或整個身體。只要能放鬆肌肉，心境也將跟著「放輕鬆」。你知道嗎？所謂的「放心」，即是要時時提醒自己「放鬆身心」、「放下身心」。只要全然地放鬆，你是很難保持緊張和焦慮的，要想憤怒那就更難。就像游泳一樣，當你全然放鬆，愈不刻意用力，你會游得愈好。

套句心理學家的話：「放鬆的祕訣，就是不要使自己不放鬆。」

你可以隨時隨地學習讓自己放鬆下來，方法是把身體想像成一只鬆垮垮的舊襪子，很快地你的身心也會跟著鬆弛下來。

心田甘露

看過車輪底下的貓嗎？當駕駛們發動車子時，貓兒被嚇醒馬上跳了出來，可是不需幾秒，牠又軟綿綿地鬆懈下來。如果你一直無法放鬆，就去拜貓為師吧！

往好處想終會變好

第一次世界大戰期間，邱吉爾曾從英國到法國實地觀察戰況。有一次他在前線一處戰壕中接獲一封信，是位擔任將軍的老友要求見他。於是邱吉爾走了三英哩路，到信中指定的路口等來接他的車子，可是他等了近一個小時仍然不見車影。眼看又要下雨，邱吉爾只好在黑暗中徒步走回戰壕。他邊走邊罵那位粗心的將軍，心裡真是愈想愈氣。但當他回到戰壕時，咒罵聲突然停住。原來的戰壕消失了，就在他離開的五分鐘之後，一顆炸彈落下來摧毀了戰壕，戍守的士兵也都被炸死。

邱吉爾後來在文章中寫道：「突然間，我對那位將軍的怒火完全熄滅，所有的牢騷也在瞬間化為烏有。」

回想一下過去，你是否也有過類似的經驗。比方說，延誤半小時反而使你免於車禍，遭遇挫折危難反而認識你生命中的貴人；失去工作反而賺到人生；或是投資不成反而免除破產。請記住，倒楣也許是被誤解的好運，同樣地，你所謂的煩惱，或許也是被你誤解的喜悅。

記得幾年前我與一家醫療集團曾談過合作投資的計畫，由於遠景看好，所以我也非常心動，沒想到就在我們談到最後階段，對方突然增加許多額外的要求，而後，在我分析利弊後還是決定放棄，當時心情變得很沮喪。

「凡事往好處想嘛！」我的太太仍保持她一貫樂觀的態度告訴我：「事情會這樣發展必定有它的道理，也許這次不成，反而有更好的機會在前面等著你。」

結果事情果然如妻子所說，幾年下來，這家集團不但營運不善，血本無歸，最近還聽說股東都吵著要拆夥。

「天啊！還好當時沒有成交」，我心裡暗想，否則現在恐怕忙得連寫下這篇文章的時間都沒有了，不是嗎？

要去辨別好運或厄運並非易事，有時得要在多年之後才能明白。你永遠料不到未來會如何，不過請相信最後我們一定會等到最好的。

再強調一次，「相信好結果，終必結好果。」只要你時時往好處想，結果終會變得更好。

心田甘露

「塞翁失馬，焉知非福」，人生禍福、好壞、對錯本來就很難預料，你只要記得任何發生的都是好事，那就不會錯了！

停止思考　再想好事

這招是一位心理學家教我的方法。當你陷入痛苦的想法時，立刻對自己說：「停！」然後想像一幕快樂的景象或回憶，不停地專心想這些景象，直到心情好轉些，便繼續你手上的工作。

經驗告訴我們，停留在不愉快情緒的時間越長，會大量降低我們解決問題的整體能力。而且一旦啟動了情緒反應，體內的化學物質就會展開行動，製造出越來越多的煩惱念頭進入你的腦海中，使得你在情緒上感到越來越沮喪。

因此，下回當你的消極念頭又出來時，別忘了趕緊大喊一聲「停！」（也可以用想的），然後強迫自己去想快樂的事。

研究腦神經的專家發現，新的訊息和感覺在進入我們大腦後，並不會立刻有情緒反應，腦中只呈現一個景象而已，若在這個時候對它們加以忽視或忘記是最容易的。

破解了負面思考模式，緊接著我們必須去找一樣喜歡的東西來取代。這東西可以是一幅美麗的景色，或是落日、鮮花，或一句積極正面的話。

每次喊「停！」之後，你可以對自己說：「不，我不再去想那些事，我要想想大海、陽光、詩情畫意的田野、怡然自得的漫步、可愛的孩子，或是溫暖的被窩……」你選定了那個意象就想那個，它將取代先前負面的景象。

道理很簡單，要停止不做某事比開始去做某事要難得多！如果你一直試著少喝咖啡，比較容易的是給自己倒一杯茶，而不是坐在那兒不喝咖啡；如果想要減少吃垃圾食物，比較容易的是抓一根胡蘿蔔來啃，而不是試著去壓抑打開一包洋芋片的衝動；如果你想去除不悅的想法，就專心致力於喜悅的想法上。

萬一那些不悅的想法又浮現心頭呢？請再重複以上的過程。只要你陷入苦惱就用這招，保證有效。經常練習，效果更佳。

我發現，這種技巧不但能改變負面的想法，還能控制抱怨、嫉妒、焦慮等情緒。我自己在一天當中，往往就使用了好幾次，每一次使用後，總會感到無比的輕鬆。

這技巧真的可以幫助我們冷靜下來。

心田甘露

步驟一：加強自覺的能力。

步驟二：覺察負面意念出現時，立刻勒令自己：「停！」

步驟三：用正面的意象取代前者。

P.S不要讓你的想法控制你：學習控制你的想法吧！

他也是一個受害者

一個老闆辱罵經理，因為他知道經理不會反擊；心中盛怒的經理出去找秘書麻煩，秘書忍著不回嘴，可是辦公室的小弟就倒楣了，最後「他就用力地關門」。

其中的道理很容易懂，如果我們不能攻擊激怒我們的人，就會遷怒那個時候剛巧碰上的人，或者是沒有生命的物體，甚至傷害自己。

這種模式正巧可以用心理水力學（Psychological Hydraulics）來解釋：此處受壓，另處產生後果。

典型的例子為：丈夫上班時受了點閒氣，回家便把一肚子怒火澆向心理毫無準備的太太，太太於是罵最大的孩子，而大孩子則找弟妹的麻煩，而後弟弟踢狗出氣……

顯然，人們全是因為他們被別人責備、埋怨，受了別人盛氣凌人的氣，才表現出敵意，並不是故意要跟你過不去。

就拿服務人員與顧客間的關係來說吧！

服務人員必須面對一連串的顧客，所以從中得到的影響也大得多。

由前一位顧客惹起的敵意，可能會造成對下位顧客的不友善，然後激怒了那位顧客，顧客的反應又使服務人員更為氣惱，於是開始一連串的連鎖反應。

如果我們能了解到激怒你的人，其實也是連鎖反應中的受害者時，就不會為此發怒。

大家必須了解：有人給你壞臉色，那一定是他在別人那兒受了打擊。不要著眼於他現在的表現而責怪他，因為他的行為是由他的「遭遇」來決定的。

讓我們看看下列情況的反應吧。你對微笑有什麼反應？對你讚許的人有何表示？當你做成一筆生意或是人們對你有禮貌時，你又有什麼反應？我敢打賭你會高與，報以微笑，並且變得有禮貌又友善。

反之，你對傲慢、憤怒、粗魯、抱怨、拒絕，或是交通阻塞、約會遲到有何反應呢？

當某人冒犯你時，你是否立刻反脣相稽呢？你會跟其他人一般見識，或者會認為事情與你無關嗎？

當你的老闆或伴侶向你發洩不滿時，你會忍氣吞聲、惡言相向，還是有其他反應？

當你明白，任何人在這種情形下都會作出合理的反應，息怒將容易得多。

下次有人冒犯你的時候，別忘了先想一想，是什麼人或什麼事煩擾了他。不論那份激惱有多強，也不論那個人看來多麼可怕，了解就是寬恕。

提醒自己：「他也是個受害者！」運用這個方法，你就能化解憤怒，天天好心情。

心田甘露

當你受到別人在盛怒下的批評，別忘了告訴自己，那個人本來就會生氣，你只不過是碰巧觸動到他。

把問題當別人的事

「用一個局外人的眼光來看待問題」，這是我一位同事，同時也是非常傑出的心臟外科醫師與我分享的「處事哲學」。

他告訴我每當遭遇到困難，他會在筆記本中明白地寫下可能的狀況，然後，想像這不是自己的問題，而是一位非常要好的朋友前來向你徵詢意見。這時你會如何看待這件事？你會給當事人什麼樣的建設？你將如何鼓勵你的朋友，點出這些困難背後所隱藏的轉機呢？把它寫下來！

這個方法非常有效，不但能幫助我們學會超然，同時也能以客觀的觀點來看問題。

是不是很有趣，我們都能給別人一些很好的忠告。當問題發生在別人身上時，我們能夠表現得非常客觀、成熟，告訴朋友這個該怎麼做，那個該怎麼做。而當問題發生在自己身上時，大多數人往往就變得六神無主。

例如，許多老師能解決學生的問題，卻不見得能處理好自己孩子的問題；許多婚姻顧問能輔導別人感情的問題，結果自己的感情卻一塌胡塗。

這是因為當我們的情緒一直圍繞著同一問題打轉時，常會流於主觀的固執，無法綜觀全局，特別是在處理牽涉「人」的問題時，更容易變得「情緒化」，而做出一些不智、有害的決定。

因此，是否能客觀地面對問題和感覺，就顯得格外地重要。

記住，獨立於情緒之外，以看待別人的方式來觀察自己的感覺和問題，並不表示要你做一個冷血動物。這只是要你暫時調整自己的心態，好讓自己能夠客觀地看問題，然後，你還是會回歸到自己。

就像在醫院急診室，每天都有一個個血淋淋的傷患被抬進來，年輕的醫生也是人，他的心也可能跟著傷患一起淌血。然而他冷靜地處理各種狀況，一點也無動於衷。因他受過嚴格的訓練，學會跳脫出現況，以超然、冷靜來看待傷患，而不會感情用事。就是這樣，也只有這樣，才能免於情緒起伏。

下次再遇到困擾煩惱的問題時，別忘了這一招，讓自己置身事外，假裝你正看著別人在處理，而不是自己。簡單地說：就是把問題都當做是「別人家的事」，OK!

心田甘露

有人悲慘你也跟著悲慘，只會創造更多的悲慘；
黑暗無法帶給黑暗中的人光亮，只會陷入更深的黑暗。

敞開心懷 獻上祝福

一般人都有嫉妒的心理，認為世界如同一塊大餅，假如別人多搶走一塊，自己就會吃虧，人生彷彿一場零和遊戲。難怪大家都見不得別人好，甚至對親朋好友的成就也會眼紅。

抱持這種心態的人，常需要以數落別人來換取自己的自尊，或是讓別人難堪以保住自我形象。就好像如果別人手上有一張五元的鈔票，而你手中的鈔票只值一元，怎樣才能使一元比五元更有價值呢？

答案便是毀了那張五元的鈔票。如果你撕了它、燒了它，它就毫無價值了。因嫉妒而去貶低別人即是相同的道理。

這讓我想起《格林童話》中白雪公主的故事，壞王后不能忍受白雪公主比她美，而產生嫉妒。她以為一旦白雪公主失掉了青春和美貌，就能取而代之地擁有這些特質。事實上，壞王后會日益衰老，就算不是白雪公主，也會有其他年輕貌美的女子取代她，成為世界上最美的女人。

如果你也常因為別人擁有你沒有的東西，而心生嫉妒的話，別忘了這個故事。每個人都應該祛除這種「匱乏心理」所造成的嫉妒心，特別是當你嫉妒別人得到你想要的東西時。方法很簡單，就是「把別人的成功看做是你的，並且獻上祝福」。當你認同別人的優點，為他們感到高興，並衷心地分享他們的成就時，也將讓你感到若有所成。

當我開始以這個方法來看待別人的成就時，發現整個心胸果然頓時開朗起來。朋友中了統一發票的大獎，我心想：「哇！手氣真好，應該找他握個手，看看能不能接收一點好運來（說不定他還會請我吃大餐）！」

同事當選十大傑出青年，我又想：「哇！太棒了，我就知道我認識的同事都是最傑出的。這個人我可以隨時找到他，而不是新聞報導裡，跟我完全不相關的陌生人。這種感覺就好像發生在自己身上一樣真實。」

要記得，即使別人擁有更多，自己都絲毫未減，世界是富足豐裕的。當我們能夠體會這句話的真諦，把別人的成功看做是你的，並且獻上祝福，便能敞開心懷分享別人的成就而不嫉妒。

心田甘露

我們所關心的並不是這世上大多數人比我們多擁有些什麼。而是我們只在意「他」有，而自己沒有。

想法影響你的感覺

許多心理治療專家都認為我們的想法和我們的感覺之間有直接相關。我們的想法會影響我們的感覺（情緒）。

例如，與一位不禮貌的店員有所爭執，你可以聳聳肩安慰自己：「他今天一定是很不順心」；或是委屈地說：「為何我老是碰到這種事？」後者的想法一定使你愈想愈氣，這即是想法影響感覺。

事實上，店員對你並不是真的那麼重要，重要的是你以何種觀點來看待。

再舉個例，當兩個戀人去郊遊踏青，卻突然下雨，即使被淋成落湯雞也無傷大雅。雨只是雨，淋濕了擦乾就好，而雨中漫步甚至還更覺得詩情畫意。因為這對戀人是以愉快的心情來看待它。

但是，如果這對戀人正在吵架，下雨就成了一件很煞風景的事。「本來說要去逛百貨公司的，都是你……」、「早知道就不要出來！」。此時的雨就變成了情緒宣洩的理由。

在這個例子中，雨始終是雨，不同的是這對情侶的觀點。

「想法影響感覺」，無論你選擇什麼進入腦袋，你都有權決定你的想法。如果你控制了你的想法，而你的感覺是來自你的想法，那麼你就能控制自己的感覺。

簡單的說就是，如果你不喜歡那種感覺，就該學著改變想法。

假設有人突然插入你的車道，你不再暗罵：「這混蛋！差點就撞到我！」你可以改口說：「他也許有急事」、「他可能剛失戀」、「可憐的傢伙，今天一定遇到了什麼挫折。」

就這樣，一旦你能改變想法，新感覺就會產生，你將發現心情愈來愈好，也不再為芝麻小事煩躁不安。

心田甘露

想像你的困擾是顆擋在路中央的巨石。盯著巨石看，看著它愈變愈小，直到它變成了可以一腳踢開的小碎石。

換個位置觀看太陽

曾讀過一則詰盧寫的故事。

有次高雄普同精舍的見鳴師父到中山大學演講，回程時他沿著西子灣的岸邊走，看到晚霞，於是他坐下來，一邊看著慢慢西斜的落日，一邊內心想：「此時此刻我看著太陽落下，卻也有人在同一個時間，看著它正在上升。」

見鳴師父的這番體會，給我內心極深的感觸。

的確，同樣的太陽，只因處在不同的位置，所看到的，竟呈現出完全不同的相反面貌。

太陽仍是同一個太陽，不同的是看到它的人，在不同的角度和不同的心念而已呀！

這讓我想起《列子．湯問篇》也有類似的故事。

孔子到東方去遊歷時，有一天看見兩個孩子在爭辯，於是就走向前去問他們在爭辯什麼？

其中一個小孩說：「我認為太陽剛出來時離人近，到了中午離人遠。」

另一個小孩卻認為：「太陽剛出來時離人遠，到中午時才離人近。」

這個小孩又說：「因為太陽剛出來時像車蓋那麼大，等到中午時就小到像一個盤子，這不就是離人遠小，離人近大？」

「才不呢？」另一個孩子不以為然地說：「太陽剛出來時還有點涼意，到了中午就像暖爐，這不就是離人近熱，離人遠涼嗎？」

所謂：「山近月遠覺月小，便道此山大於月。」山又怎會大於月？

想想自己每天是不是也不斷在和別人發生這種爭執呢？我們總是習慣以自己的

想法去解釋一切道理，總認為自己的理論才是最正確，不論大事小事都要爭個你死我活，只為証明「我是對的」。何必呢？

以後當你與人爭執的毛病又犯時，希望你能記得剛剛的故事，按捺一下情緒，提醒自己：「說不定他和我看到的就是同一個太陽呀！我何不妨站到他的位置，再想想看呢？」這樣一想，原本那顆緊鎖的心，便豁然開朗起來了。

心田甘露

開啟我們的心，就如同在認知的鏡頭前加上一片廣角鏡。突然之間，更寬闊的世界納入我們的眼前，一切都豁然開朗了。

缺點是優點的延續

這是幾年前去聽演講所學到的一句話，當時，我還無法領悟這句話的深意，只把它默記在心裡。

在日後的情感道路上，每當太太的一些言行表現令我不悅時，這句話就自心底浮出，提醒我去注意在她的「缺點」之後可有什麼長處。於是我逐漸發現原來她擁有如此多的美德呀！羞怯而含蓄，往往就表示謙虛、端莊、淑女；不善家務，往往就代表樂天、浪漫、不拘小節。

記住，「缺點是優點的延續」，只要你也能時時這麼想，許多人與人之間的憤懣、批評和挑剔都會化為烏有。

醫院裡的護士阿芳就是個例子。有次她和先生吵架，心裡滿是懊惱，心中不時湧現先生的缺點：自私（每天都工作到很晚才回來）、愛嘮叨（經常碎碎唸實在有夠煩）、懶散（他老是將東西隨便亂放、從不歸位）……

每當她抱怨起先生，數落他的不是時，她就提醒自己這句話，強迫自己在筆記本上寫些他的好處。例如，有一天晚上，她想到他口是心非的行徑，久久無法入睡。

「阿興你這個王八蛋，」她忿忿不平地想著，「總是跟我說要節省些，結果自己卻把錢大把地花在喝酒、唱KTV，一攤接一攤。」

她忽然意識到這是折磨自己，她從床上爬起來，抓起筆記簿就寫下「解毒處方」。

「那一次我K到了新車，他只是輕描淡寫地說：『意外總是有的，不然要保險幹什麼？』他實在也不算太壞，有些男人可能早就發飆。」

這個處方幫助阿芳從更宏觀的角度去看先生，她了解到，阿興有好的一面，也有壞的一面，就跟其他人一樣。

於是淑芳給自己泡了杯茶，坐下來細品，同時回想先生的種種。他是看重他的事業所以才晚回家的，而我不正是以他的成就為榮嗎？他愛嘮叨只是求好心切的表現；他是生活懶散，可是也因此他從不對家務和料理吹毛求疵。其實這些「缺點」不正是他的「優點」所在嗎？

沒錯，「缺點正是優點的延續」，思及此，她不禁失笑。

心田甘露

每一個人的缺點之後往往都有一個相對的優點。而每一個優點也都有帶來麻煩的可能性，這世上本來就沒有絕對的事。

男女本來就是不同

許多人都未能體會到男女在本質上即有許多不同，這是破壞男女感情和婚姻和諧的重要原因。

我認識一位有心想改善婚姻關係的太太，下面是她的問題。

「我們就是無法溝通，他總是不理不睬。」許多次，她想對他說出她的失望：「你能不能關心我一點。」或「你為什麼不能像莉莉的丈夫那樣陪伴家人呢？」可是只要她提及這個，最後兩人便會以吵架收場。

多數男人不了解女人對情感表達的方式。反之，多數女人也不能完全明瞭男人與他人相處的方式。

當一個女人和朋友約會時，她可能打電話給她，邀她一起用餐，順便談心。女人喜歡抒發內心的感覺，而且有心事馬上會說出來，如果沒有傾吐的對象，就可能會「抓狂」，她們渴望敏感的耳朵和體貼的肩膀供她們傾訴與依靠。

男人就不同。他們並不需要探討女人內心的隱密幽徑，他們的感情交流可能是一起打球、打牌、釣魚或喝杯酒，即便是聊天的話題也不涉及感情的，如工作、政治、汽車、運動等。當他有煩惱時大多自行解決，而且往往以自我承擔為傲。

大致上說來，女人是以說話為導向，男人則以行動為導向。女人為說出感覺而感到放鬆，男人卻更覺得煩亂。

這種差異在女人想仰賴傾訴以告知男人她們的需求時，就會產生問題。

男人把目標定在結果，旨在解決問題，當女人談到某個問題時，他通常會很快下結論。他會說：「妳為什麼不這麼做，那麼做？」然後回去看他的報紙或注意別的事。

男人不懂女人的心理，她要的不是答案或忠告，而是希望跟你一起聊聊。也許她心裡早就知道該怎麼做了，她要的是「過程」，希望彼此溝通講講話罷了。

再以購物來說，男人心中早有目標，去了就買定，買完便走。

女人就不同了，購物是一種過程，甚至是一種休閒，有時候根本不需要買任何東西。對她而言，那是一種感官之旅，這是男人很難以了解的事。

當然，男女兩性的差別還不止這些。

比方，男人常常以事業成就來實現自己的價值，女人則常在愛情裡實現自己的價值；女人需要他的伴侶陪伴時，男人卻需要有自己的空間；女人視婚姻為生命的歸宿，男人卻視婚姻為人生旅途的驛站……

男人不了解女人需要什麼，女人不了解男人關注什麼，於是，這兩個世界只好以糾葛做謎題，以無知做謎底。爭吵了半天，還不知道差錯出在哪裡。

當你知道男女之間有那麼多的不同後，是否也願意打開心窗，嘗試多一點了解、多一點體諒、多一點包容呢？

心田甘露

一對男女若看到一個大男人拿把花走在街上，女的也許會想：噢，他真體貼，真浪漫；男的則認為：天啊，我看這傢伙完了。

找出問題 找到答案

我是在醫學訓練時學會了這個技巧，同時發現它對於解決人生中各種問題都極為有效。

道理很簡單。如果你身體不適，醫生必須先找出病因，然後才能對症下藥；如果你車子的引擎熄火，技工必須先找出問題，才能修復。解決問題的原則也是一樣。曾看過一篇文章——

一家五星級的飯店發現，顧客經常抱怨送到客房的早餐不準時。主管的直覺反應，當然認為是人手不夠，因此加派了許多服務生。不過，情況卻沒有多大改善，顧客的抱怨依舊，最後飯店只好求助於專家。

受委託的專家觀察了一段時間後發現，原因可能是服務生等電梯的時間太長。為什麼？原來是電梯停留的樓層太多。又為什麼電梯停留的次數會超出預期？經過數月追蹤終於真相大白。

原來是各樓層分配的毛巾數量太少了，所以負責不同樓層的服務生只好搭電梯到別層樓去拿，就這樣你拿我的、我偷你的，效率自然大打折扣。

原因就是這麼簡單——毛巾太少。就因為少了幾條毛巾，竟使得這家大飯店服務品質備受質疑，可見先了解問題要比解決問題重要得多。畢竟我們不可能處理一個不知道是什麼問題的問題，不是嗎？

就拿發燒來說吧！發燒是人體受感染後，免疫系統對感染原產生的一種反應。換言之，生病才是發燒的「原因」，發燒是生病後的「結果」。

許多人不了解問題的原因，以為發燒跟失火一樣，不去撲滅有可能會愈燒愈不可收拾。結果一有發燒就急著退燒，至於發燒的病因，反而沒有人去注意。

先有颱風，才會有颱風警報。颱風是「因」，警報是「果」，生病是「因」，發燒是「果」，其實是一樣的道理。警報本身對人體是無害的，不是「有警報才形成颱風」，也不是「有了發燒，才造成疾病」。

這就是大多數人的問題，倒果為因，不了解問題，又常常習慣於急切地解決問題，結果呢？表面的問題是解決了，卻沒有觸及真正問題的所在。

因此，在下一回你又遇到問題時，別忘了提醒自己這句話——先了解問題，就解決了一半。

心田甘露

不要把時間浪費在所見為何上，而要思索為何有所見。

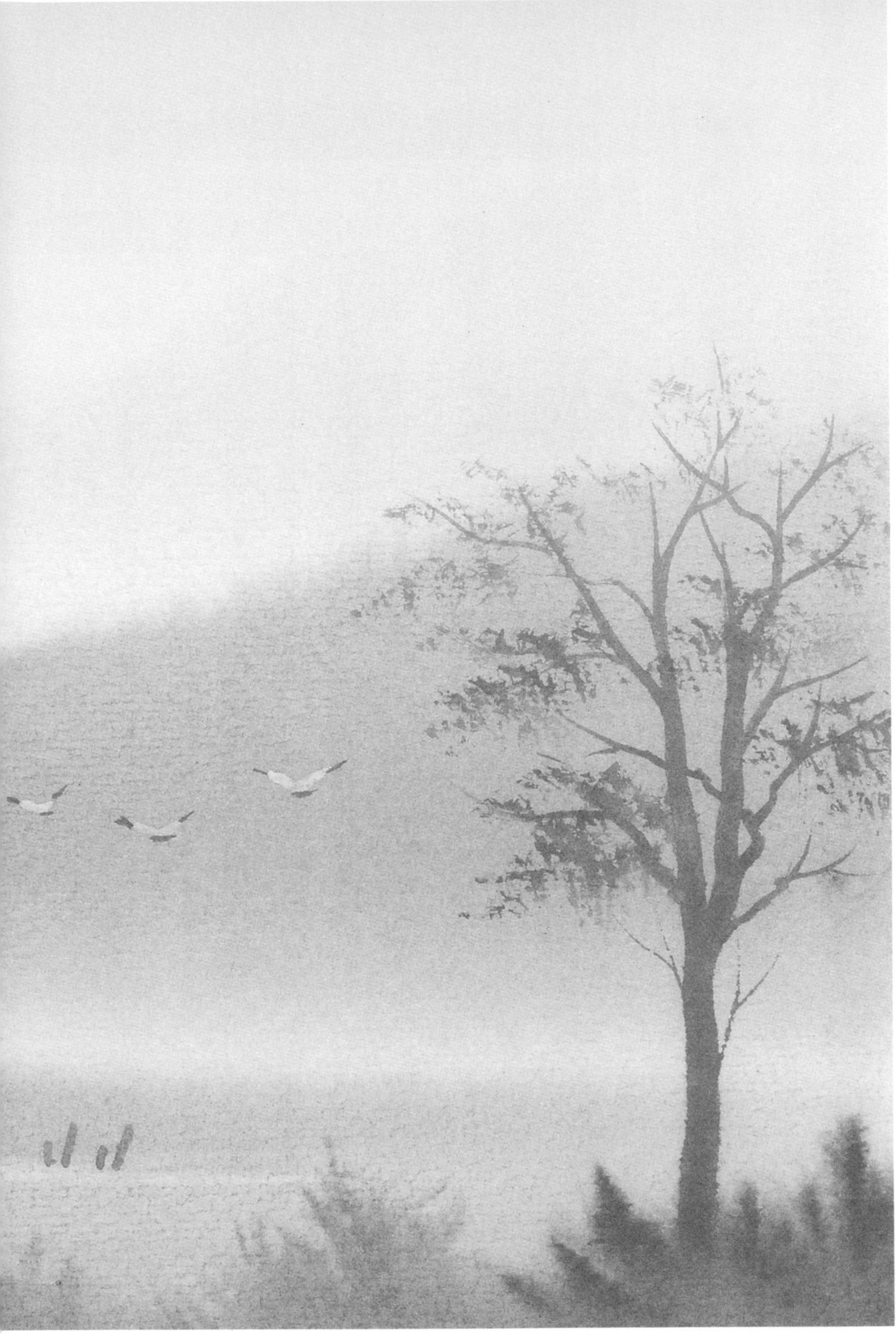

chapter 4

躍昇之樂

苦痛，學習躍昇之階。生命中的每個難題，

都含有「成就自我」的種籽，

唯有承受並超越磨難，才有收穫成就穀穗之可能。

而每一番成就，都能使自我躍昇一大階。

承受磨難成就自我

不論是接受媒體訪問，或是與朋友聚會，經常會有人問我這個問題：「你年紀輕輕的，為什麼對生命有這麼深的體悟？」

我的回答永遠只有一個：「痛苦的經歷！」

這是千真萬確的。回首生命中收獲最多的幾個階段，原來都是最難捱的經驗。在正式成為外科醫師前，我們必須經歷最刻苦嚴峻的學習階段，忍受面對死亡與疾病的悲戚歲月，在一次次困難與折磨的洗禮下，終於能獨當一面。這種成就感是無可比擬的，那是在無憂無慮的快活日子裡永遠不可能得到的。

再如出國留學，也是再次讓我體悟到在困頓之中成長的滋味的一個階段。面對沉重的課業壓力、適應克難的生活、忍受想家的折磨……短短幾年中所遇到的體驗，比在台灣活幾十年還要多。這段日子雖只是生命長河裡的一個小轉彎，然而卻完全改變了我的視野，周遭的風景也因此而不同了。

「你經歷過的就是你的成就」，這是一位作家朋友常對我說的智慧哲言。他告訴我，每當報社或雜誌社把他的文章退回，他就提醒自己：「你現在的辛苦不會白費，最終都會帶給你經驗與智慧。」果然，這許多不錯的念頭，以後總會在他的小說、戲劇或演講中派上用場，而且還深獲肯定。

生命中的每個難題，都含有更大成就機會的種籽。一旦有了這種體悟，你將打開智慧的大門，把每件所謂的惱人問題，都當作「成就自我」的機會，每一個你討厭的人或令你痛苦的事，都成了考驗你、成就你的老師。

一旦你能這麼想、這麼做，那麼痛苦將不再是痛苦，而是你成長、超越現在的墊腳石。

「你經歷過的，就是你的成就。」

當你回顧過去的每一個成就，是否也發現，所有最好的轉變皆伴隨著苦痛與磨難。不是嗎？

心田甘露

人所經歷的遭遇都不會是憑白而過，它是經驗和智慧的來源。每一個痛苦都有它的意義，克服了這些苦痛，你就能更上一層樓。

時時刻刻 心存感激

仔細聽聽一般人到底在抱怨什麼，你會大吃一驚——夏天怪太陽太大，冬天怪太陽躲起來；在家嘛嫌無聊，出去嘛又怪人太多；滿桌子菜說沒一樣對味的，出門找不到合適的衣服又自怨自憐。人們失去了對現有一切的感恩之心，即便是遇到一個小塞車也能火冒三丈。你有沒有想過，你可是舒舒服服地坐在車子裡呢！

喜劇作家裴瑞特曾說過一個故事，讓我印象深刻。

他說：「我有一位好萊塢劇作家朋友，曾寫過一些劇本，但都不是非常搶手。直到有一天，他因為某部賣座的電影而成為炙手可熱的大製片人。有天他到片場上班，發現停車位被人占走，當時旁邊還有二十幾個停車位是空的，可是他偏要停在自己專屬的位置上。一開始這位仁兄很火大，接著他突然停下來若有所悟，然後對自己說：『我忽然想到，三個月前我連車子都還沒有呢！』」

你也曾這樣子捫心自問嗎？古儒吉大師說得好：「你唯一必須記得的是，你是多麼地幸運，當你忘記此點時，你就變得不幸。」

學習去感恩吧！當你不滿現狀，以至於慾求更多，往往會為自己的匱乏而痛苦；反之，當你變得滿足而心懷感恩時，你就再度與世上美好的、值得你讚賞的人事物連接在一起。每一次你真心感恩，那一類美好的事物就在你的生活中不斷增多，以至覺得更富足。

有個很好的法子，就是隨時以感恩的心情，來陳述你所遇到的每一件事。比方有人問你，「今天過得好嗎？」不要只是回答「糟透了」，或是「還可以」，你要針對今天你所遇到那些愉快的事一一告訴他們。如果時間允許的話，還可以說說讓你愉快的原因。

對於你的工作、同事、朋友，或是另一半，你都可以採取相同的方法。只要你能連續三個星期維持這樣的想法和行為，我敢打賭，你將變得更樂觀，更能享受美好的生活。

不久前，在我收到的聖誕賀卡中，就有一封是曾聽過我演講的小姐寫來的，她遵照我的建議去做，每天寫下值得稱讚和感恩的事。結果還不到一個星期，就受到上司的嘉許，稱讚她的態度既好，表現又佳，她與男友的感情也變得更好。

其實，這並不是什麼奇蹟，因為人生的真理即是：「你愈懂得感恩，那麼值得你感恩的事就會愈來愈多。」現在，你就可以試試。

心田甘露

多珍視自己所擁有的，從殘缺中體會另一種美，全心全意地感謝小事、大事，生命中的每一件事。

平靜思緒 淨化心靈

如果你靜下來，慢慢去感覺自己，你會發現我們的心神總是盤據著各種「聲音」（抱怨、藉口、感覺、胡思亂想等等）。當我們清醒時的知覺總是被填得滿滿的。

回想一下，除了睡覺，你上一回曾靜下來一個鐘頭以上的時間，是什麼時候？縱使我們是靜靜地坐著，腦子仍是想東想西，像蜜蜂一樣從這個念頭飛到下一個念頭。

有一位印度聖哲阿曼那達就提了一個問題給人們思考：「兩個念頭之間的你在哪裡？」

為什麼只是「靜心」而已，對大部分的人會這麼困難？這是因為我們已習慣喧鬧的生活，以至於面對靜心時，會變得手足無措。因為我們習慣匆忙的生活，以至深怕焦慮會乘虛而入。更因為我們害怕面對自己，刻意避開當下的「感受」。

這就像不讓陽光進到房間，就看不見灰塵一樣。當窗簾拉開，陽光透隙而入時，你將發現屋內處處蒙灰，就連空氣也是塵埃密佈。

這時，你必須好好靜下來，替自己做「清掃」。

首先，關掉收音機或電視機，使你的心靈免於煩惱、刺激，及芝麻瑣事的干擾，然後按照以下的技巧，專注於當下——

找一個舒適、安靜的地方坐下。盡量讓自己的肌肉放鬆，閉上雙眼不要有雜念，集中注意力在你的呼吸韻律上。

當吸氣時，心中默唸著「吸」或「一」，呼氣時則默唸著「呼」或「二」，不要故意去控制或改變呼吸的頻率，要很有規則的吸氣、呼氣。如此持續一、二十分鐘即可。

有時你的注意力，可能會被一陣短促的思緒或感覺所干擾，不必抗拒它，只要緩緩地將注意力回復到呼吸即可，直到練習結束。

這個技巧看似簡單，但效果卻相當驚人。你可以感覺到整個人好像煥然一新，有種輕鬆、平靜的舒適感注滿全身。

更棒的是，經常練習還會平撫你紛亂的思緒，在混亂中保持平靜、泰然自若，從而達到智慧啟悟。

心田甘露

「大師，你為何能將事情『看』得如此清楚？」

「我閉上眼睛。」

「大師，您為何能將事情『想』得如此透徹？」

「我停止思考。」

專注此刻 活在當下

「專注此刻」簡單的說，就是把所有的精神都集中在你現在正在做的事、正在待的地方，和一起相處的人身上。

你說：「這有什麼難的？我不是一直都這樣嗎？」話是不錯，問題是——你是不是一直活得很繁忙，不論是吃飯、睡覺、工作、娛樂；你總是想東想西，想著那一天做了什麼，改天還有什麼要做？

你總是匆匆忙忙，急著想趕赴下一個目標，因而錯失了「此刻」擁有的生活。

你是否在吃早餐時已經開始擔心起一天的工作？

你是否想著起床後的寒冷，而錯失了被窩中最後幾分鐘的溫暖？

你是否在上班途中，想著昨天的事，或者計畫中午前必須擬出的報告；到了上班時，又想著下班後的空閒要怎麼運用，煩惱明天要做什麼？

大多數人都將生命擺盪於過去與未來之間，這即是我們心靈不能平靜的原因。

我們老是在為未來憂心，或是為過去懊悔。想一想，你的怒氣、恨意，不都是為過去的事，那些已成過眼雲煙的事而生的嗎？而你的焦慮、煩惱不也是為未來，一個尚未到來的事而苦惱著嗎？

你有沒有想過？其實，「今天」不就是明天的昨天，昨天的明天嗎？同樣的，「現在」不就是未來的過去，過去的未來嗎？

為什麼我們總是追悔「過去」，憂心「未來」，而忘了活在「現在」？

當我們把心智放在「現在」，對，就是「專注此時此刻」，不就能創造「未來」，並無悔於「過去」了嗎？

想一想，昨天老闆對你態度惡劣，你愈想愈氣，但那是昨天（過去）；下星期你要考試，但那是下星期（未來）。都跟「現在」無關是不是？

這時你若能集中注意力於眼前，便消除了昨日的影響，及對明日的憂慮。靜坐就是練習「專注此刻」。許多人一旦學會，整個人生不僅改觀，各種煩惱也都能煙消雲散。道理很簡單。我們內心盤聚的雜音，都是已經發生過的事，或者等一下，抑或未來要發生的事，只有這些事會使我們分神，不得安寧，或終日紛擾。

而此時此刻，如果你正專注於手邊的事情，哪還會有什麼雜事可以想呢？

去瞧瞧你自己的心，看看你花多少時間在過去、在明天、在痛苦的那一天上。

然而逝者已矣，過去的已經過去了，來者亦不可追，為什麼要浪費時間在這些上面呢？

心田甘露

昨天只是一個消失的夢，明天還是一個不可捉摸的幻影，唯有當下才是確切真實的。

常問自己 我是誰？

印度南方有座聖山叫做阿魯那加那，山腳下的小鎮提魯凡那米利，住著一位智者名叫雷馬納・馬哈西（Ramana Maharshi），追隨他的人都稱他為雷馬納大師。

雷馬納大師教導眾人一個非常簡單的開悟方法——時時刻刻問自己：「我是誰？」

很多想得到啟悟的信徒都不遠千里跑來找大師。

煩惱的人問他：「我要怎樣才能化解困難？」、「如何得到想要的？」

失意的人問他：「我該如何挽回失去的？」、「我該怎麼做才好？」。

成千上萬的虔誠信徒，不遠千里地跑來求救，為的只是希望能親耳聆聽大師的智慧之言。

大師給了每個人相同的祕方，他告訴眾人：「你們先仔細深思一個問題──『我是誰？』一旦你們知道自己是誰之後，生命中的每個難題就能迎刃而解。」

這實在是個大智慧。

我們很可能也是遵循著世俗的眼光，穿名牌服飾，口中說著時下最流行的話語，表現出很酷的樣子，但卻沒有活出自我，更忘了自己是誰？

有多少人一輩子想這個，要那個，房子、車子、馬子、銀子……過好日子，直到臨死前才驚覺虛度一生。

你呢？你也是這樣嗎？

你活著總會有個理由，總有些是你想做的、意義不凡的事情，你的存在是特殊且重要的。否則為什麼要生下來，明知免不了一死，還要這麼大費周章地過活，又何苦呢？如果你生下來只是來付電費、稅款、保險費、電話費、醫藥費、房屋貸款，那生命根本不值得活。

因此，別忘了！時時提醒自己：「我是誰？」當你找到了「為這目的活下去是值得的」，你將感到內心富足，不再需要抓住什麼人或什麼東西來填補心靈的空虛。

心田甘露

如果你的生命就只是為了解除肉體的痛苦，精神沒有憂慮，那麼何不乾脆去當隻寵物算了。

體悟失去 領悟無常

你還在為掉了那件心愛的東西懊惱不已，或是為了他（她）的離去而耿耿於懷嗎？「失去」本來就是人生裡一定得面對的課題。

只要擁有的，就代表著可能會失去。隨著年紀漸長，我們失去了青春、身材、健康，失去了工作，失去孩子的純真，失去了夢想，接著死神帶走我們的祖父母、父母、兄弟、伴侶、朋友，我們失去曾經和我們朝夕依偎的人、事、物，而後我們失去了我們的軀體，回歸靈魂的世界。

活著，就必有所失。這是真實人生的一環，所有你擁有的一切總有一天都會離開你，只是時間早晚的問題。

既然到最後，沒有一件你喜歡的東西可以永久持有，也沒有一個你喜歡的人能抓著不放，那麼就應該勇敢地及早面對生命裡大大小小、形形色色的「失去」，失去金錢、失去感情、失去東西、失去親人。

幾天前，有位女孩在車禍中喪生，到醫院已無生命跡象。

「噢，天啊！怎麼可能？」她母親哀嚎著說：「早上明明是好好的人，我還看著她上學，怎麼會……。」失去孩子讓她痛不欲生。

可憐的媽呀！她一輩子只相信凡是星球都會繞著軌道走的，她哪曾想到，生命中偶然也會有不馴服的流星，滑出軌道，自蒼穹隱遁。

不是有句話嗎？「想不到者，謂之意外。」生命中確實充滿了變數，災難隨時都可能發生。但與其憂愁終日，戒慎恐懼地預支苦痛，不如把意外視為平常，把失去視為正常，如此，你將漸漸領悟無常，往智慧的樓層又爬上一級。

「失去是正常，無常即平常。」當一個人瞭解這句話的真意之後，一方面會珍惜目前所擁有的一切；另一方面當痛苦的事情突然發生時，由於事先已體認意外隨時可能發生，也較能坦然接受，以減少痛苦。

來是偶然，走是必然。當我們體悟失去，領悟無常，是否更應珍惜每一段因緣、每一次見面、每一次對話呢？

想到這可能是最後一次見到孩子、父母、配偶、朋友，或你的他（她），那又有什麼好生氣、好計較，又有什麼不能原諒的呢？

心田甘露

意外險，是針對意外；終身壽險，則是針對死亡才付的險。就是因為生活存在太多無法掌握的因素，所以保險業才營運而生。

上帝示現無所不在

看過一則深富哲理的印度寓言故事——

有一位年輕的修行者，剛從他的精神導師那裡受到啟蒙，而感到非常振奮。當他以這種心情穿過林子，正巧看到一隻大象迎面走來，背上坐著一個象夫，駕馭著象前進。他看到大象正朝著他過來，心裡就想：「我是上帝，萬物皆是上帝」。所以，「大象也是上帝。」他自己很得意的下了結論。

此時，坐在象頭上的象夫正大聲喊著：「讓出路來！讓出路來，你這笨蛋！」在聽到象夫的叫喊聲時，他又想：「既然都是上帝，上帝會懼怕上帝嗎？上帝要讓路給上帝嗎？」

這種景象持續進行，任憑象夫不斷地吼叫，年輕人仍不為所動，依然抱著那自認為的「信念」不放，結果被大象甩到路邊去了。

此時，身心受到極大震盪、驚駭的年輕人，整個人變得失魂落魄。他爬了起來，衣衫不整地回去找他的導師，要求給他一個解釋——

年輕人在說明了發生的情況後說：「你不是說，我是上帝，萬物都是上帝嗎？」

「沒錯。」導師回答說：「你是上帝，萬物皆是上帝。」

「那麼，大象也是上帝囉？」

「沒錯，牠是。」導師笑著繼續說：「但是你為什麼不聽大象頭上那個上帝叫你把路讓出來的聲音呢？」

讓我用一個老故事來說明我的意思。

有位商人想投資生意又怕血本無歸。

他跑到窗邊，對著天空說：「神啊！請幫助我！」

在藍天中出現了美妙如旋律的聲音說：「別擔心，我的孩子，我會幫你的。」

這個商人頓時覺得信心大增。

他的太太告訴他：「你要想清楚，當心被騙了。」

商人說：「不會的。你不了解，神會幫我的。」

然後他的朋友、同事，還有父母都提醒他：「再考慮看看吧！」他對所有人的回答卻是：「放心，神會幫我，沒問題的。」

結果他失敗了。

他很氣憤的抱怨上帝：「怎麼回事？祢說過祢會幫我的，而我現在卻破產了。」

「我試過了，」上帝回答道。「我請了你的太太、朋友、同事和你的父母去提醒你，為什麼你總是執迷不悟呢？」

想想看，你是否也經常這樣，總是堅持己見，「自以為是」，無法虛心的接納和包容，結果卻悔不當初。

其實，每個人都有自己的守護天使，在你需要提醒的時候，他自會適時出現。有時是說出一段深觸你心的話；有時是說出你並不想聽的話；有時是邀請你聽一場演講，建議你買一本好書。他們在你的身旁一定出現過，只是有的你認得出來，有些你認不出來。

別忘了，上帝會以各種方式，或在任何時間出現。

請注意傾聽、接納，祂也許就在你的眼前。

心田甘露

上帝常以各形各色的面貌出現，以我們周遭的人事來示現，無所不在的引導著我們，可惜的是，人們常常聽而不聞，視而不見。

把每一次當第一次

絕大多數人，一輩子遭逢失敗與挫折的經驗都遠比成功次數多，受挫的印象也較成功經驗更加令人深刻。

當然，人們通常是藉著失敗與挫折來學習經驗，並藉此成長。從這個角度看，挫敗並不見得是壞事。只不過，一旦你一直想著你的失敗，便可能轉化為心理壓力，甚至導致行為上的重蹈覆轍。

幾年前，高空走鋼絲的馬戲團表演並沒有掛安全網。有一位非常著名的走索者，以他步步驚魂的特技，風靡了無數觀眾。

直到有一天，他家族中的一員，也是高空走索者，在表演時不幸失足墜死。從此，他心中充滿恐懼，老是擔心自己會「歷史重演」。不久之後，他果然在一場表演中失足墜地，魂歸西天。

這即是一種惡性循環，也就是不幸的失敗記憶，會再次造成不幸的結果。

在羅斯博士（**Dr. Sydney Rose**）所著的《我的聲音伴你同行》（**My Voice Will Go With You**）一書中，我學到一個應付失敗與挫折很好的策略，那就是「把每次都當做第一次」。

他以打高爾夫球為例，建議選手們打每一桿時，都把它當做第一桿。簡單的說，就是不要把打壞的情形記在腦中，只須好好打眼前這一桿就行了。

只有傻瓜才會一直想著上回失敗的經驗。試想，當你腦中一直回想著上次打入沙坑的情形，或是想著一定要避開沙坑，離它遠一點，結果情況往往是，球偏偏一桿推進了沙坑，要不就是打歪了，或是揮過了頭，落得老遠。

你一次又一次的回想起錯誤的經驗，那麼印記在腦海裡的，除了錯誤，你想還會有別的嗎？

人是從錯誤中學習的，你應該牢記於心的是教訓，而非錯誤本身。

因此，在你下回又身陷失敗的挫折中時，別忘了這句話：「把每一次都當做第一次」。

心田甘露

上天賜予我們遺忘的能力，即是要我們不至於沉溺在負面事物中。從錯誤中學到教訓，然後忘記它們。

走出不幸 不再自憐

人生的路程，本來就不是平坦順暢，甚至顛簸崎嶇，困難重重。然而勇者會去走出一條屬於自己的路；弱者，卻因抱怨自憐以致寸步難行。

自憐者最常見的想法是：「為什麼是我？為什麼不幸都發生在我頭上？」接下來的反應即是：「因為這種不幸，所以我必須把不幸當作生活來過。」

許多人總愛「滋養」不幸，喜歡高談闊論他們的小傷痛，享受他們在療傷過程中所受到的關注，感覺興味盎然。

為什麼？答案很簡單，只要我們祭出過去的「不幸」，哀怨自憐，就不必去承擔和改變，畢竟對一個「受害者」來說，誰又忍心太過苛責呢？

你呢？你是否也是這類的人？對所有的遭遇總是自怨自艾，抱怨別人做的不好，抱怨待遇太差，抱怨身邊的人：配偶、朋友、父母、子女；甚至抱怨生命，抱怨事情一大堆。

當你抱怨你之所以成為今天的模樣，完全歸因於種種人生遭遇時，你有沒有想過？為什麼許多比你境遇更糟的人能站起來？又為什麼他們能走出自己的路，而你卻只會蹲在一旁「舔傷口」？

你的人生難道不是由你自己決定的嗎？

你是否聽過住在沼澤地的三個婦人的故事？

有三個婦人每天不斷抱怨：「我們住在這兒實在很可憐。我們不如住在城市的居民，他們有成千上萬的機會，而我們這裡什麼都沒有。」

她們每天不斷地抱怨，直到有一天一個態度積極的婦人遇見她們。聽了她們的抱怨後，這個婦人說：「胡說！什麼沒機會？妳們早就有了機會！妳們住在沼澤地，沼澤通到河流，河流通到海灣，海灣通向大海。妳們能從這兒到達任何地方！」

沒錯，你可以到任何地方，做任何事，或是解決任何問題。就看你願不願意了?!

心田甘露

自憐是化了膿的傷痛，是人格自尊的嚴重感染。

人若陷入這種情緒之中，即使讓他睡在最柔軟的床墊上，恐怕也快樂不起來。

不讓問題成為藉口

你知道什麼是藉口嗎?簡單的說，即是為了隱藏真正的理由而說的話。也就是心理分析家所說的合理化作用——一種潛意識的保護作用，使人不會受到不愉快經驗的傷害，並藉以逃避現實的壓力。

我有一位年輕的病人，就是個例子。他因酗酒造成身體嚴重的問題，經轉介來找我治療。

「你怎麼不少喝點酒呢?」我問。

「下班後太無聊了。」他說。

我接著問：「你喜歡看書嗎？」

「還好，偶爾會看一下。」

「那你何不培養看書的興趣來代替喝酒？」

「孩子太吵了，看不下書。」

「可以先陪陪孩子，晚一點再看如何！」

「太累了，我白天還得工作！」

「書讀晚一點會比去喝酒更晚、更累嗎？」

這時，他才面有難色的說：「好吧！我承認自己並不是很想讀書……其實，我會喝酒是因為婚姻有問題……。」

「婚姻問題？」我暗想。

聰明！男人喝酒的傳統藉口多半是——老婆太嘮叨、老婆不講理、老婆不瞭解他……這類藉口常會演變成惡性循環，最常見的情形便是，因喝醉或晚歸引發爭吵，一旦配偶不理性，就更有藉口去喝酒了。

「碰到這種女人，總是把人氣得非喝它幾杯不可！」他忿忿不平的繼續說。

「你這是在逃避問題，而不是解決問題嘛？」接著我換了話題繼續問：「那你的工作呢？」

「也不好，問題一大堆……」他嘆口氣說。

「聽你的意思，好像除了喝酒外，就沒有別的更值得做的『正經』事了！」我接著問：「你有沒有想過？喝酒帶給你的問題也不少，像你這次身體就出狀況了，不是嗎？」

他終於默認的點了頭。

「我知道你有許多難題，就跟一般人一樣。但我要告訴你一句話——千萬記得：『永遠不要讓問題成為逃避的藉口。』」

心 田 甘 露

為無力感找尋藉口，其實正是使自己在心態上低人一等的「理由」。

真正活過 何懼死亡

大家都忌諱談死，即使事實已經發生，也要用一大堆婉轉的說法，例如昇天、歸西、斷了氣或過去了來說。

我在耶魯醫院服務時，醫護人員談論到病人的死亡，也會用「布蘭迪」來代替，因為停屍間就在布蘭迪大廈內。大家始終都避免談到「死」這個字。

死亡，並不是一件恐怖的事，它使我們了解生命的可貴、人生的短暫，幫助我們珍惜所擁有的親情、友愛。

死亡，使我們領悟到生命之無常，死亡更提醒世人：我們沒有永遠。

有人說：「葬禮是為活人而舉行的。」因為生命有限，我們才會積極把握，如果你想做些什麼，說點什麼，表達對另一個人的愛，或是想體驗生活、創造生命，就必須把握現在。

死亡，也是一個學習成長的過程。

所以，只要你真正「認真活過」，當死神來臨時，你就能從容以對，因為你早已有所準備。然而，遺憾的是，許多人似乎並非如此。

還記得梅爾・吉勃遜（**Mel Gibson**）主演過的「英雄本色」（**Brave Heart**）的電影海報上，有這麼一段話——

每個人都會死亡，但不是每個人都真正地活過！

（Every man dies, not every man really lives.）

這句話給了我莫大的震撼，也影響了我對往後生活的態度。我深刻地感悟到不能虛度此生，凡是我認為值得做的，都一定認真去做。

生命是如此寶貴，每一分鐘都應該盡情地活。諾曼．卡森斯（Norman Cousins）即說：「死亡並不是最大的損失，最大的損失是當我們活著時，內心卻已經死了。」

一個人可以長命百歲，然而，他的一生可能乏善可陳。所以，人生重要的不在你活了多久，而是你活的內容。

孔子的弟子有次問孔子如何敬事鬼神。

孔子回答：「未知敬人，焉知敬鬼神？」

學生又問：「我死的時候會是怎麼樣？」

孔子答道：「未知生，焉知死？」

如果你學會好好的活，那就無須為死亡操心。你平常怎麼生活，你死亡的方式也是如此，若是你能把握每一分活著的時刻，又何懼於死亡的來臨？

生與死均非人力所能左右，因此在這兩者之間，一定要認真地活才好。

心田甘露

死亡不是最後的沉睡，而是最終的覺醒。

我們應該懼怕的不是死亡，未完全綻放的生命才是真正的悲劇。

那我還在擔心什麼

這句話是得自「時代週刊」上的一篇文章，內容敘述第二次世界大戰時，有位士官在「瓜答卡納島戰役」中被砲彈碎片刮傷喉嚨，輸了七筒血。

他寫了張紙條問醫師，「我會活下去嗎？」

醫師回答：「會的。」

他又問：「我仍可以講話嗎？」又是肯定的答覆。

於是，這個士官在紙上寫道：「他媽的，那我還在擔心什麼呢？」

你可以把同樣的技巧，運用在所有你感到憂慮緊張的問題上。方法是藉由經常問自己：「在這種處境下，什麼是最壞的可能？」你往往會發現，最壞的結果實在不會比我們想像的嚴重。於是你變得較容易接受，甚至著手去解決問題，先前的憂慮也就沒什麼好擔心了。

憂慮的原因之一是對未來的無力感。如果我們已想好在最糟糕的情況下該做什麼，絕望感自然就會減少。

例如，假若你想向老闆要求加薪，但是又害怕如果他說「不」時會發生什麼狀況，那麼就問你自己，跟他對抗的最壞可能是什麼？

你想到最壞的可能就是遭到揶揄而尷尬，或是請你走路，這該如何是好？

如果你的待遇真的很低，所以必須要求加薪，而你的老闆又是那麼的不講理，想想你真的還要繼續犧牲下去嗎？你可以拍拍屁股便走，到別處去碰碰運氣不是更好嗎？

很多人在遭遇挫折時，很容易把它想像成不可忍受的大悲劇。一遭受拒絕，就認為是世界末日；沒有得到升遷，就覺得人生毫無希望，芝麻小事也可以看成天大的災難。

你何不以上列的技巧幫你停止憂慮，學著對自己說：「那我還在擔心什麼？」你將發現，事情真的簡單多了。

心田甘露

命運的災禍波折常是紙老虎而已，開心點，事情沒有那麼糟！

給了什麼就要什麼

這個方法簡單地說就是，接受事物現在的樣子，而非你所希望的樣子。

我經常有機會在餐廳運用到「給什麼要什麼」的原則。如果我點冰咖啡，而女侍告訴我：「抱歉，冰咖啡賣完了。」我通常會說：「那好！正巧我也想補充一些維生素，就來杯柳橙汁吧！」這使我馬上轉憂為喜。

反之，如果你的反應是：「怎麼會這樣？menu上明明就有，我就是只想喝冰咖啡！」我想你的人生，將有太多的失望和艱難會陸續發生。

如果事情不是你所喜歡的那個樣子，那就去喜歡事情的那個樣子。

明白這一點非常重要。你可以期盼將來事情會有不同，但此時此刻，你得接受現狀。

人生的幸福不是從你想獲得什麼而來，因為世事總是無法盡如人意；真正的幸福是來自於給了什麼就要什麼。

我們唯有經由接受——「接納」事實、「享受」現況，才能獲得真正的喜樂。正如哲學家詹姆斯勸告世人：「要樂於接受事實。接受所發生的事，是克服任何不幸結果的第一步。」

這許多年來我發現，我愈是抗拒眼前實際的狀況，我的內心就愈掙扎不安。而如果我能順服，不再抗拒，突然間內心便能獲得平和。

悲傷，是因為還不能接受不幸；愁苦，則是因為害怕接受災難。想想看，你的所有焦慮不都是因為渴望得到和諧而引起的嗎？接受生命的不和諧，而後你將得到和諧平靜。

當你真正領悟到「給什麼要什麼」的內涵時，我相信你將能從任何掙扎困頓中解脫出來，而智慧也將隨之到來。

心田甘露

就像降落傘，一定要打開才有用。你必須打開你的心胸去接受一切，那麼所有的一切，最終將為你所用。

我真幸運

我真幸運

與幾位朋友一起出外度假，結果朋友的車子為了閃避迎面而來的卡車，車輪不慎滑落水溝四腳朝天，不但假期泡湯，幾個人身上還掛了彩。

真衰！大家唉聲嘆氣，有人罵那個橫衝直撞的卡車司機，有人則怨嘆，流年不利，敗興而歸。

另一個沒有加入「失意陣線聯盟」的朋友忽然發了話。

「嘆什麼氣呀？沒聽過小災避大難嗎？不過是受點皮肉傷而已，已經很慶幸了。」他接著揚起聲音笑著說：「往好處想，我們真幸運，我真幸運！」

他說第二遍我真幸運時，一個字一個字加重了語氣，結果幾個朋友也跟著微笑點頭。

從此，我學會在遇到不好的遭遇，便說出「我真幸運！」這句話，生命也隨之樂觀開朗起來。

例如，房子遭小偷時，我會說：「真幸運，還好不是被搶，平安就好。」車子和別人擦撞時，我不再氣極敗壞，只說：「真幸運，我竟然毫髮無傷。」這簡單的反應能使我立刻「轉念」，漸漸地改變我看待事情的態度。從那時候起，我變得事事順心。就是這麼簡單的一句話，使我的人生黑白變彩色。

你可以說，這方法叫「逆向思考」，也可以稱它為「優點策略」。

擁有一個幸運的視野，就像擁有變魔術的能力，可以把所有幸與不幸的人生經驗都點化為開在沙漠裡的花朵。到了這種境界，也就沒有所謂的完美不完美，缺憾不缺憾了。

與其抱怨造物者在玫瑰花叢裡附上尖刺，倒不如感謝造物者在尖刺上，添入玫瑰花。

以後，當你又沉浸自憐自艾、憤世嫉俗時，請停止用你習慣的方式反應，改用「幸運」的鏡頭來看這個世界吧！並學著說：「我真幸運！我真幸運！……」你將發現視野得以開展，天空將變得更廣闊。

心田甘露

即使心情像一片烏雲，別忘了，陰霾中依然有色彩，不是嗎？

從長遠看 轉悲為喜

有次我到阿拉巴馬的安特普萊斯拜訪友人Porton，他特別安排我參觀該地的精神象徵——棉花橡皮蟲的雕像。

「為什麼一隻蟲會成為你們的標記呢？」我好奇地問。

「問得好，」Porton回答道：「許久以前安特普萊斯的居民都是靠著棉花栽培來維生，這是一種沒有前途的農業。沒想到連續幾年，棉花橡皮蟲竟把方圓數哩之內的棉花吃光了，這兒的人都陷入困頓。

「這時，有人建議，何不乾脆栽培不同的作物，好吸引一些工業，結果才使這裡逐漸發展成你現在所看到的榮景。若不是棉花橡皮蟲，到現在我們可能還是靠棉花維生。牠是我們的救星。」

Porton 接著說：「一開始我們為悲劇懊惱不已，然而慢慢地，你將發現凡事必有正面作用的道理。不論此時此刻你對某件事感受如何，『長遠來看，總是對我們有幫助的。』」

他的話深富哲理，讓我受益良多。

的確，從長遠的觀點來看你的生活，會使你把問題當成機會，事後當你回顧自己的生命時，你會發現那些因不幸造成極大失意的時刻，正是塑造你現在所擁有生活的事件。

你也將會發現所有發生在你身上的事，沒有一件不具正面影響的。

作家梅樂．雪恩（**Merle Shain**）就提醒我們：「大多數的人總會為某人或某事而傷心落淚，如果我們當時便能清楚狀況，我們反而會慶幸自己的好運。」

幾年之後，某些離了婚的妻子或丈夫會回顧過去說：「好在我們那時離了婚。」某些遭遇挫折的人也常感激地說：「好在那時沒成交」、「好在那時被拒絕」、「好在那時……」

想想過去你遭遇挫折或失敗，但最後卻帶來好運的經驗，這也許是你事前完全料想不到的。從面對這樣的問題中，你有沒有學到什麼？

請記住「學著從長遠的觀點看事情」，就這樣，你會發現柳暗花明又一村的事實，每件事都變得比以前更容易應付。

心田甘露

短期來說，這個世界不一定是公平的，可是，把時間拉長來看，這個世界的確是公平的。

心田幼苗

心田不長無名草，
覺苑常開自由花。

登高之喜

你不能永遠留在山頂，總得再度下來，

那麼當初何須麻煩？

只因在低處看不到高處的美景，

而在高處可以知道低處的一切，

所以才需要往上爬，往遠處看。

一個人下了山，再看不到遠景，但他已看過。

憑著高處見過的記憶，

一個人在低處也能形成管理自己的藝術。

當一個人再也看不見時，至少他仍然知道。

——同源山〈Mt.Analogue〉

編號	書　名	內　容	定價
012	忘了總比記得好	假如你把過去緊抓不放，你當然會一再去經歷它，你的未來不會是別的，一定是累積了許多灰塵的過去，它注定是這樣的，這些塵埃不但會遮蓋你生命的光彩，也將阻礙你看見未來。	180
013	幸與不幸都是福	說幸福是好的，是有福的，這點大家都可以理解，但是說不幸也是福，這就奇怪了，不幸怎麼會是福呢？沒錯，不幸也是福，而且它還是比幸福更大的祝福，只是不幸的人總是「身在福中不知福」。	185
014	別讓每陣風吹著走	做自己的主人，不要盲目的跟隨潮流，被牽著鼻子走。一個人有個人風格的人，才是真正具有品味的人。別讓每陣風吹著你走。	185
015	愛，錯在哪裡？	愛一再出錯，錯在哪裡？錯在人們一直沒有搞懂，愛是給，而不是得；愛不是出於需求，而是分享；不是出於匱乏，而是出於豐富。	199
016	所以你也要發正念	文字是紙上的語言，思想是無聲的語言，語言則是有聲的思想。這即是為什麼我一再強調大家要多說好話、要有好的念頭。特別是念頭要良善、要正面，我們將遇到什麼樣的人或是什麼樣的事都在一念之間。	200
017	當下，把心放下	把心放下吧！當你人在那裡就別再掛著這裡，否則你怎麼可能真正的放鬆心情呢？快樂是來自心裡，你到了哪裡就該把心全然的投入那裡，這樣才可能快樂，不是嗎？	240
018	心田甘露	本書更透過一則則的寓言故事，提供了如何在工作、家庭、人際關係、自我成長等方面，尋求安心所在的方法，讓人有跡可循地回歸最初的清靈本心。	240
019	都是你的錯	這是你的選擇，不要去怪別人，無論你出了什麼問題，你只能怪自己。是的，錯的永遠是你。	240

希代高寶集團

生活勵志－何權峰

編號	書　名	內　　容	定價
001	展現最好的你	「路，是無限的寬廣；人，則充滿了無限的可能。」所以，無論自己的未來藍圖為何，相信自己，只要堅定地朝目標持續邁進，夢想就在不遠處等著你。	220
002	回歸自然心靈	清心可以開朗、寡慾可以無憂、單純可以喜樂、知足自然富足。讓我們一起以人為本，以自然為師，淨化心靈、放下物慾、簡化生活、回歸真我、返歸自然，進而達到知性的真，理性的善，感性的美。	200
003	心念的種籽	在《心念的種籽》中，作者跳脫一般的說教，以說故事的方式帶領人心，更能讓讀者從本書中獲得智慧與啟示。	200
004	生活就像馬拉松	馬拉松賽者最怕遇見「撞牆期」，選擇面對的方式是：調整呼吸慢慢跑， 或乾脆停下來用走的，等突破了瓶頸後，再重新開跑。	200
005	笑哈哈過苦日子	日子就像芥菜入口的滋味，有淡淡的苦味，如果拌上好的調味料，就會是一道美味的菜餚。 這樣的日子雖然清淡，但如果不忘每天一笑，不僅可以延年益壽，還可以返老還童哩！ 來！笑一個吧！	199
006	就靠這一次，人生急轉彎	從生命降臨人間的那一刻起，我們就到達了人生的起點，順著自己的目標往前走，遇到岔路時請記得向右轉，就可以找到一帖讓人生豐富和滿足的處方箋。	179
007	每 10 秒鐘一個幸福	這是一本似非而是的書，其中充滿了許多大師的妙論，平易中顯哲理，談笑中見智慧。每一篇章正猶如禪宗裡的一首偈，讓人茅塞頓開，有著撥雲見日的領悟。	192
008	有這麼嚴重嗎？	這本書不是要大家膚淺地記一堆笑話，也不是不負責地要大家一味地往好處想，而是希望在笑談中讓你得到了悟，在了悟的過程得到歡樂，因此在文章裡面我會加入許多幽默笑話及妙語，讓你讀起來更有味道。	180
009	人生幸福，每一項都在拼圖	將近一百個生活哲學，簡單的小故事中，說出人生的大道理，讓你的生活注入活泉，永遠不會乾涸。	200
010	別扣錯第一顆釦子	不了解問題的根本，就解決不了問題；不看清事物的本質，就得不到真相；一個扣錯了第一顆釦子的人，就扣不完所有的釦子。	160
011	為什麼事情總是一團糟	套句何醫師的話：「用爛泥蓋房子，到頭來還是一堆爛泥。」是的，方法錯了，你愈努力結果就只會愈糟而已。	180

展現最好的你

掙脫

撕下標籤，掙脫「辦不到」的魔咒。

蒸汽機發明之前，拿破崙曾毫不保留地數落富爾頓說：「有沒有搞錯？先生，你要在甲板上生起一團火，讓船隻能夠乘風破浪地航行？對不起，我可沒時間聽你胡扯！」但結果呢？富爾頓不但達成目標，也因而發明了蒸汽機。

認識

洞悉自我之天賦，創造優勢。

一代武術大師李小龍，他因從小是個大近視，因此選擇學習最適合貼身戰鬥的詠春拳。而且李小龍的兩隻腳不一樣長，左腳整整比右腳長了五吋。但是他卻能「截長補短」，將右腳比較短的缺陷，轉換為有利於增加衝力及各種變化的優勢，再加上較長的左腳可以踢的更高、踢的更遠的優勢，變換出專屬於他自己的最完美姿勢。

重建

重建信心，塑造新氣象。

電影「不克觸犯」裡有一幕是，埃利奧特・尼斯抓到一位下肢癱瘓的幫派份子。尼斯問他為何犯罪，這名幫派份子回答說：「身體殘障的我能做什麼呢？」尼斯便拿出當時羅斯福競選總統的報紙，對他說：「老兄，像他（小兒麻痺症）都能競選總統，你說你還有什麼不能做的呢？」

創新

鼓勵好奇，出奇制勝。

瑞士工程師喬治・德梅斯特拉有一天森林裡散步，回到家時發現褲子上沾到了許多小刺果。他覺得很好奇，就用顯微鏡觀察，發現刺果的芒刺上有小「鉤」，會鉤住布料維上的環。於是他利用這種原理研製出人造的「鉤環釦」，因而發明了尼龍絨釦。

行動

積極行動，活出夢想。

亞歷山大，貝爾醉心於透過電來傳送聲音。當他因無法克服的困難，而向約瑟・亨利請益是否應該轉由他人實驗時，亨利告訴他：「你已有了好的構想，就該盡快付諸行動，如有困難無法突破，就設法積極取得解決的知識。」貝爾回憶說：「要不是『行動』、『積極取得』這幾個字的鼓勵，我絕不可能發明電話。」

請沿虛線剪下裝訂寄回，謝謝

【生活勵志系列】讀者回函卡

為提升服務品質，煩請您填寫下列資料：

1.您購買的書名：心田甘露

2.您的姓名：＿＿＿＿ 您的年齡：＿＿ 歲 您的性別：☐男 ☐女

3.您的E-mail：＿＿＿＿

4.您的地址：＿＿＿＿

5.您的學歷：

☐國中及以下 ☐高中 ☐專科學院 ☐大學 ☐研究所及以上

6.您的職業：

☐製造業 ☐銷售業 ☐金融業 ☐資訊業 ☐學生 ☐大眾傳播
☐自由業 ☐服務業 ☐軍警 ☐公務員 ☐教職 ☐其他

7.您從何得知本書消息：

☐書店 ☐報紙廣告 ☐雜誌廣告 ☐廣告DM ☐廣播
☐電視 ☐親友、老師推薦 ☐其他

8.您對本書的評價：（請填代號1.非常滿意2.滿意3.偏低4.再改進）

書名＿＿ 封面設計＿＿ 版面編排＿＿ 內容＿＿ 文／譯筆＿＿
價格＿＿

9.讀完本書後您覺得：

☐很有收穫 ☐有收穫 ☐收穫不多 ☐沒收穫

10.您會推薦本書給朋友嗎？

☐會 ☐不會，為什麼＿＿＿＿

11.你對編者的建議？

＿＿＿＿

線剪下裝訂寄回，謝謝！

廣告回郵
北區郵政管理局登記證 北台字12548號
免貼郵票

高寶國際有限公司

地址：台北市114內湖區新明路174巷15號10樓
電話：（02）2791-1197
網址：www.sitak.com.tw

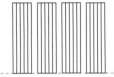

書名：心田甘露

高寶國際集團

品質保證

GOBOOKS
& SITAK
GROUP©